Pierre-Olivier Monteil

Pierre-Olivier Monteil, docteur en philosophie politique (École des hautes études en sciences sociales – EHESS), est chercheur associé au Fonds Ricœur. Il enseigne l'éthique appliquée entre autres à l'Université Paris-Dauphine PSL, à l'ESCP Business School et à Sorbonne Université. Il intervient également dans les entreprises et institutions comme formateur et consultant en éthique, en s'appuyant sur plus de vingt ans de pratique professionnelle en management et en communication.

# ÉTHIQUE
# DE LA PRATIQUE
# ORDINAIRE

AGORA

*Collection dirigée par Benoît Heilbrunn*

PIERRE-OLIVIER MONTEIL

# ÉTHIQUE DE LA PRATIQUE ORDINAIRE

POCKET

MIXTE
Papier issu de
sources responsables
FSC® C003309

L'éditeur de cet ouvrage s'engage dans une démarche
de certification FSC® qui contribue à la préservation
des forêts pour les générations futures.

Pour en savoir plus :
www.editis.com/engagement-rse/


ISBN : 978-2-266-29558-1
Dépôt légal : août 2021

# Introduction

On se questionne rarement sur les manières de faire dans l'activité quotidienne. Elles nous sont si habituelles que nous les oublions, tel l'air que nous respirons. Pourtant, la façon de mener une discussion, celle de rédiger un courriel, de négocier un conflit, ou encore de respecter, avec plus ou moins de scrupule, une procédure ne sont pas sans conséquences. Le plus souvent, nous agissons d'expérience, sans y penser, l'esprit tranquille. Il faut qu'un échec survienne pour que naisse le doute. À moins qu'une remarque, bienveillante ou acerbe, ne vienne semer le trouble. Serais-je, par hasard, un peu trop facilement intraitable à l'égard de mes interlocuteurs lorsqu'ils soutiennent un avis différent ? Pourquoi suis-je si souvent débordé ? Comment avoir moins peur des conflits ? Certains jours, la question revêt une ampleur particulière : que fais-je dans cette galère ? Qu'est-ce que j'attends pour prendre le large ? Ces alertes nous propulsent dans une réflexion sur nos convictions et nos valeurs. De proche en proche, une question émerge, qui nous tire de la routine : dans les petites choses comme dans les grandes, *à quoi est-ce que je tiens* ? Et comment cela doit-il se traduire dans mes actes ? Nous entrons ainsi de plain-pied dans l'*éthique*, en quête de la bonne attitude, du geste approprié, du mot juste, de la posture qui *convient*.

Ce questionnement reste difficile à mener seul et il n'est pas toujours commode, ni possible, d'en parler entre pairs. Les enjeux sont, par ailleurs, d'autant moins aisés à formuler que nous y sommes rarement préparés. Ces questions restent souvent marginales dans les programmes scolaires et universitaires. Il n'est pas simple de trouver une oreille attentive pour en discuter. L'urgence permanente remet sans cesse la question à plus tard. Chacun se trouve réduit à bricoler en situation, sans repères, frayant sa voie, parfois dans l'insatisfaction et l'inconfort. À la longue, nous ne serions pas loin de penser que la réflexion n'est d'aucune aide en la matière et qu'il suffit de s'en remettre à l'intuition. On puise alors inconsciemment aux habitudes, aux réflexes, aux représentations inculquées par l'éducation. C'est pourtant oublier que nous n'aspirons pas tant à nous comporter qu'à nous *conduire* en conscience, respectant une forme de loyauté à l'égard de nous-mêmes qui engage notre estime de soi.

Ces réflexions s'adressent aux étudiants désireux de se préparer à leurs responsabilités futures, aux professionnels en activité curieux de prendre du recul, comme à celles et ceux qui recherchent une action plus ajustée – à soi et aux autres – dans la vie quotidienne. Les pages qui suivent reviennent sur différents « nœuds » de difficultés rencontrées dans l'activité courante. L'éthique y est appréhendée dans une acception plus large que celle des « cas difficiles », sur lesquels se concentre classiquement la réflexion sur les situations de conflits entre valeurs. Comment arbitrer entre liberté et sécurité ? Ou entre souci d'informer et respect de la confidentialité ? Comment concilier aspirations individuelles et souci de la collectivité ? Autant de dilemmes qui existent bel et bien. Mais, ainsi formulés, ils présentent le risque de conduire à examiner la situation sans la resituer dans son contexte. Cela reviendrait à blanchir éthiquement les pratiques, sans tenir compte des influences structurelles ou organisationnelles qui, de près ou de loin, s'exercent sur elles. Cette approche trop restrictive doit donc être élargie pour intégrer à la réflexion ce que Mark Hunyadi appelle les « modes de vie » : les outils, les procédures, les dispositifs, mais aussi les manières de penser et l'air du temps, qui conditionnent la pratique ordinaire. Ainsi les moyens de communication, l'organisation de la production (gestion à flux tendu, par exemple), ou les pratiques d'évaluation.

Notre approche se situera donc à l'interface du système et de l'expérience vécue. Elle permettra d'envisager l'éthique comme une investigation sur *le sens de l'engagement* dans l'action quotidienne, inscrite dans le contexte plus général de la société. Lorsqu'elle se situera dans la sphère professionnelle, à la charnière entre la vie privée et la cité, il importera de tenir compte de ce que l'activité de travail a de spécifique, à savoir une certaine exigence d'efficience dans une activité productive organisée. Mais il importera aussi de réfléchir à ce qui doit la rendre compatible avec les exigences, à la fois de la vie privée et du bien commun. Côté privé, cela suppose le respect dû à toute personne, à sa santé, à son intimité… Côté public, le travail ne doit pas devenir une école d'incivisme, où tous les coups sont permis.

Les différents thèmes qui seront successivement abordés se répartissent en trois groupes. L'action pratique se déroule en effet dans trois registres et non un seul, qui sont ceux de l'avoir, du pouvoir et du valoir. L'*avoir* correspond à la dimension économique de l'échange. Il peut s'agir de l'économie au sens courant du terme, mais aussi des échanges symboliques. De ce point de vue, Marcel Mauss nous apprend que les objets que nous échangeons sont nos *représentants*. Donner un objet à quelqu'un (un conseil, un travail, un coup de main, du temps…) a la signification d'une demande de reconnaissance adressée au destinataire. Cette demande implique que ce dernier, s'il accepte de recevoir l'objet, rende autre chose par la suite, pour signifier en retour sa reconnaissance. Celle-ci ne répond pas à la logique de l'échange de prestations, mais s'adresse à la personne de l'interlocuteur. À ce moment, un nouveau lien social se crée. C'est le cas, par exemple, lorsqu'on nous invite à dîner. Nous sommes censés « rendre » l'invitation, ce qui prendra la signification d'une sorte d'alliance passée avec nos hôtes. Pour ce qui nous occupe, on s'en tiendra ici aux échanges qui se déploient dans le champ de la communication, et ce sous trois aspects : l'utilisation d'Internet et la civilité numérique, l'éthique de la conversation et de la discussion, enfin l'usage personnel que nous avons de cette prodigieuse faculté qu'est la parole.

Le deuxième registre est celui du *pouvoir*. Il recouvre, quant à lui, la dimension politique au sens habituel, mais aussi l'aspect plus informel qui est celui des rapports de forces et d'influence dans les relations interindividuelles ou institutionnelles. Les thèmes abordés dans ce cadre seront le conflit, le courage, ainsi que les relations difficiles entre aspiration individuelle à l'autonomie et « servitude volontaire », selon l'expression d'Étienne de La Boétie. Cette question inconfortable se doit, en effet, d'être posée : est-il à ce point assuré que nous avons tout tenté pour nous affranchir des contraintes, notamment professionnelles, que nous jugeons pourtant excessives ? Où passe la frontière entre un mal nécessaire et une forme discrète de complaisance avec laquelle nous glisserions subrepticement du service à la servitude ?

Enfin, le registre du *valoir* désigne les filtres au travers desquels nous évaluons et interprétons les situations. La sphère du valoir est celle de l'éthique et des représentations culturelles, en même temps que des influences qui s'exercent sur elles. Elle fournit les « lunettes » avec lesquelles nous voyons le monde. Les thèmes correspondants porteront, l'un sur ce prisme particulier qu'est le fait d'appréhender l'action en termes de risques ; l'autre sur l'influence qu'exerce sur notre jugement la situation d'urgence permanente qui est la nôtre aujourd'hui. Une troisième préoccupation, trop négligée, sera celle de l'écoute, parce qu'elle aussi conditionne notre rapport aux autres.

Dispersés en apparence, ces sujets seront traversés par une même préoccupation : la recherche de marges de manœuvre susceptibles d'ouvrir des possibilités d'initiative, en particulier dans un contexte professionnel qui ne semble pas en laisser subsister beaucoup. L'idée générale est que nombre des leviers à notre disposition résident dans un effort pour *repersonnaliser la relation*, contre la tendance à réduire l'interlocuteur à sa fonction, ce qui nous porte mutuellement à nous faire « fonctionner », comme des machines que nous ne sommes pas. Avant toute chose, cette préoccupation demande d'adopter cette attitude envers soi-même et de se conduire comme une *personne*, c'est-à-dire comme un être relationnel, et non comme cette sorte de bulle autarcique qu'on appelle un *individu*. Cela suppose, en outre, de dévoiler une part de soi-même sous la cuirasse, ce qui n'est en rien déchoir mais assumer un *style*, une manière propre. C'est le cas, à plus forte raison, en situation de discussion où, au-delà du masque d'un rôle, avec sa langue de bois et ses visées tactiques, il s'agit de *se* communiquer, en métissant de sentiments et d'affects la logique un peu froide de l'argumentation ou du raisonnement technique. Cette voie peut conduire à s'aventurer au-delà, jusque sur les chemins, moins balisés, de la conversation. L'idéal serait que toute discussion ne se réduise pas à la résolution d'un problème logique, mais qu'elle mette aux prises des personnes qui ont plaisir à échanger. Ce registre étant plus incertain, s'y hasarder nécessite une dose de confiance.

Il n'y faut voir pour autant aucune candeur, car c'est aussi la condition requise pour affronter positivement le désaccord. Pour qu'un conflit puisse être surmonté à la satisfaction des deux parties, c'est bien la confiance qui permet d'accomplir le saut par lequel on *postule* au départ qu'une issue acceptable *doit* être possible. Cet impératif est l'expression, non d'une nécessité, mais d'un espoir. Celui qui fait passer de l'exigence de contrôle et de transparence à la confiance véritable, qui est pari et lâcher-prise.

Pour qu'une telle posture soit crédible aux yeux des interlocuteurs, il faut encore assumer la faillibilité de ses actes et sa propre fragilité. Il n'y a là ni complaisance ni sensiblerie, mais une élémentaire lucidité, qui *facilite* la prise de décision. Celle-ci, en effet, n'a pas à viser la perfection, mais simplement à se vouloir acceptable en la circonstance. Elle n'a pas à se réclamer d'un idéal théorique, mais d'un honnête compromis. La fragilité est aussi le ressort du courage qui, entrant en résonance avec celle d'autrui, y puise le sens de l'entraide et l'énergie de la solidarité. Tels sont quelques-uns des ingrédients d'une invitation à se supporter un peu mieux soi-même et, par là, à se risquer à aimer la vie, fût-ce dans la vie la plus quotidienne, y compris en contexte professionnel.

Repersonnaliser le milieu de la pratique ordinaire implique, enfin, une certaine dose d'esprit critique. Se conduire comme une personne plutôt que se comporter en individu exige un exercice permanent de lucidité sur soi. Il en faut pour prendre ses distances avec les projections délétères du manque de confiance en soi, quand il se travestit en manque de confiance en l'autre. L'esprit critique s'impose, en outre, à l'égard du pouvoir quand il s'exerce en avançant masqué derrière le « deus ex machina » d'un prétendu savoir d'expertise. Il nous revient de le débusquer, en sommant les *personnes* qui l'exercent de sortir de la coulisse et de justifier leurs décisions en leur propre nom. À elles de s'expliquer sur les choix qui inspirent les procédures, les normes, les dispositifs, en les soumettant loyalement à la discussion argumentée. Il s'agit de ne pas s'en tenir à ce qui est techniquement possible, mais de le confronter à ce qui est humainement souhaitable. Plus largement, l'esprit critique doit rester en éveil à l'égard des multiples visages du conformisme. Le jugement baisse pavillon dès lors qu'il s'en tient à tenir les choses pour « évidentes », « naturelles » ou « normales ». Il est actif dès qu'il s'étonne de ce que personne ne met en doute. Mais une telle lucidité n'est pas donnée d'avance. Comme n'importe quel muscle, il faut l'exercer. Elle se cultive.

L'enjeu de cette réflexion sur la pratique ordinaire dépasse donc la sphère professionnelle, même s'il la place en son centre. Cela tient au fait que la satisfaction au travail ou, au contraire, l'usure due à l'intensité, à la dureté ou à l'indifférence du monde du travail, ne sont pas sans incidence sur l'épanouissement des personnes, ce qui affecte évidemment la sphère privée. Un autre phénomène est sans doute moins visible, mais peut-être plus important encore. Nombre de techniques et de pratiques voient le jour en contexte professionnel, avant de se répandre au-delà. Au cours des dernières décennies, il en fut ainsi de l'ordinateur, puis du téléphone portable, ainsi que des technologies numériques. Vu sous cet angle, on peut estimer qu'une responsabilité particulière incombe au monde du travail : celle d'instaurer des usages maîtrisés de ces techniques, en sorte qu'ils soient repris ailleurs sous leur meilleur jour, plutôt que sous leur forme pathologique. Comment faire en sorte que se développent des pratiques qui nous servent au lieu de nous asservir ? La question s'impose à mesure que les cloisons entre vies professionnelle et personnelle se font plus poreuses. Pensons aux usages du numérique, par exemple, qu'il a fallu réglementer pour remettre ce dernier à sa place en autorisant la déconnexion. Mais cette remarque anticipe déjà sur le thème du savoir-vivre numérique, objet du prochain chapitre.

*Pour aller plus loin*

Afin d'alléger les développements qui suivent, les références bibliographiques ne seront pas indiquées en bas de page, mais en fin de volume.

# Première partie

# Échanger

Les trois chapitres qui suivent aborderont quelques-uns des principaux enjeux éthiques liés à la communication en contexte professionnel. Il sera d'abord question des pratiques numériques, puis de l'éthique de la discussion, enfin du rapport personnel à la parole. Ces trois séquences s'enchâsseront comme des poupées russes, dans un ordre qui part du milieu « communicationnel » dans lequel nous baignons, pour se prolonger par l'échange interpersonnel, et s'achever sur la dimension individuelle de l'expression.

Avant de nous concentrer sur la dimension spécifique du numérique, évoquons la communication en tant que « bruit » environnant. Les pratiques qui s'y déploient et l'état d'esprit qui en émane en font une rumeur permanente, pour ne pas dire un brouhaha incessant. Cela n'est pas pour nous surprendre, car toute communication revêt une dimension *polémique*. Elle doit en effet se frayer un chemin pour être entendue – parfois de force, ou avec ruse – dans un contexte passablement encombré, spécialement de nos jours.

L'idéologie de la communication est contemporaine, on le verra, de la fin des grands conflits du XXe siècle. Mais tout se passe comme si la force des mots prolongeait celle de la guerre par d'autres moyens. Cela se traduit par des messages bien profilés, qui confèrent à leurs énoncés un angle de pénétration affûté. À moins que des alliances tactiques avec d'autres discours ne visent à obtenir un effet de propagation viral. Ou que l'on ne s'attache à atteindre la cible à la longue, à force de répétition, en s'y reprenant à plusieurs fois, comme on enfonce un clou.

Pour être gagnant, un énoncé est souvent celui qui renforce ou rationalise les croyances de qui le reçoit. Ce dernier se trouve transformé, grâce à lui, en émetteur spontanément enclin à le reprendre à son compte et à le propager. Le bon médium s'attache, en outre, à rester invisible. Lire, par exemple, ne consiste pas à épeler ou à compter les lettres de chaque mot du texte, mais à s'immerger dans une sorte d'immédiateté, qui fait le confort de lecture du message. L'émetteur efficace s'efforce donc de se faire oublier.

À travers ces différents traits, on perçoit le caractère tactique, voire stratégique, qui fait partie intégrante de l'acte de communiquer. En tant que récepteurs de ces messages, nous sommes ainsi plongés dans une sorte de biotope dans lequel nous évoluons en permanence et par lequel nous sommes *influencés*. Pour autant, le propre du vivant en général et de l'humain en particulier est de *sélectionner* les perceptions et, avec elles, les influences qui s'exercent sur lui. À la différence d'un caillou, l'individu ne retient que ce qui *fait sens* pour lui. Il dispose ainsi d'une marge de liberté.

Le médium n'est donc pas le message, contrairement à la célèbre formule de Marshall McLuhan : « *Medium is message.* » Mais le message doit trouver son médium, le véhicule approprié pour atteindre des destinataires qui partagent quelque chose du même code que le sien. Dans cette mesure, le médium coproduit le message. Ce dernier ne peut exister hors d'un environnement médiatique. Pour qu'il soit repris, il faut que le destinataire y trouve son compte, ce qui constitue pour son auteur une forte incitation à flatter le narcissisme du récepteur. On se souvient peut-être du titre d'une émission à succès animée jadis par Pierre Bellemare : « Vous êtes formidables ! » Celui d'un programme diffusé actuellement sur M6 mise sur le même ressort : « La France a un incroyable talent. » Cette tactique connaît des variantes : un message *court*, plus facile à retenir, est davantage susceptible d'être repris. Un message qui valorise le porteur, telle une histoire drôle, peut escompter le même succès.

Autant de facteurs qui concourent à faire de la communication une *technique*. À ce titre, elle s'expose à la critique de nombreux théoriciens – Martin Heidegger, Jacques Ellul, Michel Henry, certains membres de l'École de Francfort… –, souvent tentés de la diaboliser en tant que telle. Ils l'accusent de troubler et de fausser une intimité rêvée : celle du face-à-face originel de l'homme avec la nature. Moins radicalement, on pourrait dire que, dès lors qu'elle centre la relation sur une opération plutôt que sur les personnes, la technique évince de la situation la demande de reconnaissance mutuelle qui émane des protagonistes. D'où la froideur anonyme qui en émane. Pour autant, il faut bien des outils pour penser. La subtilité du problème réside dans le fait que la parole est à la fois un *outil* et une *institution.* Dans le même temps, nous l'utilisons pour nous faire entendre et elle nous institue comme êtres parlants et pensants.

Écarter les critiques radicales de la technique n'empêche pas de percevoir les dangers que fait courir une communication dominée par l'obsession de l'efficacité technique. Que se passerait-il, par exemple, si tout le monde mentait afin de mieux séduire ou manipuler ses interlocuteurs ? La fiabilité en la parole s'effondrerait. Le langage ne nous permettrait plus de communiquer et nous ne nous comprendrions plus les uns les autres. Il convient donc de souligner fermement l'existence d'une *responsabilité* des locuteurs à faire bon usage de cet outil, car il en va simultanément du langage en tant qu'institution. Ce dernier se trouve confié à notre garde, de même que la démocratie l'est aux citoyens. Le langage « repose sur la confiance de chacun en la parole de chacun », comme le résume Paul Ricœur. Cette confiance est constitutive de la société, car il n'est pas de société sans langage et pas de langage hors de la parole, c'est-à-dire hors de la pratique vivante, en actes, de la langue. Pour leur part, les dictionnaires ne constituent que des sortes de musées, voire des cimetières, où l'on peut dévisager des mots « sous cloche », indépendamment de leurs usages. Sans contester que le discours puisse exercer un pouvoir d'influence sur l'interlocuteur, le même Ricœur parle de « puissance impuissante de la parole », pour suggérer que l'action de cette dernière est largement tributaire du récepteur, dans la mesure où elle ne peut le contraindre. Le sens concret d'un message n'est pas le sens voulu par son auteur, mais le sens reçu par le destinataire. C'est le corollaire d'un discours qui s'adresse avant tout, avec droiture et humilité, à l'intelligence interprétative de l'interlocuteur.

L'enjeu de cette responsabilité particulière peut être mis clairement en évidence par un simple changement de place : en troquant, précisément, celle de l'émetteur pour celle du récepteur. En effet, c'est cette dernière qui correspond à ce qui est, pour chacun d'entre nous, le plus « originel » (et qui n'a rien à voir avec le rapport rêvé à la « nature » dont il était question tout à l'heure). Car, avant d'être quelqu'un qui parle, nous avons tous commencé par être une personne *à qui* on a parlé. Cette posture est aussi celle qui se trouve la plus menacée par une approche technicienne de la communication. Depuis un demi-siècle, les humains sont capables d'envoyer des satellites dans la stratosphère. Dans le droit fil de l'idéal cartésien qui nous porte à nous rendre « maîtres et possesseurs de la nature », on parle depuis lors de « conquête de l'espace ». Cette aventure a modifié notre attitude à l'égard du monde, qui est désormais un peu moins à contempler et un peu plus à dominer, à maîtriser. La frontière s'est déplacée entre ce qui relève de l'action pratique – de ce sur quoi on peut porter la main pour s'en saisir – et ce qui relève de l'admiration et ne se considère qu'à distance, dans un sentiment poétique ou contemplatif de considération, voire de révérence. Dans le premier cas, les choses et le monde sont traités comme des *objets*, catégorie qui ne cesse aujourd'hui de s'étendre. Dans le second, ils sont appréhendés comme des *signes* à interpréter. Hannah Arendt souligne cette distinction dans le prologue de *Condition de l'homme moderne* : l'objet renvoie à ce qu'il est possible de *faire*, tandis que le signe ne peut que *se proposer* à l'observateur, qui en décrypte le sens. Pour autant, le récepteur n'en dispose pas davantage lui-même. Il ne maîtrise pas totalement le sens du message, il le *reçoit*. Dans une certaine mesure, qui n'exclut pas la réflexion et le discernement, ce sens s'impose à lui. Ainsi quand nous *comprenons* soudain quelque chose.

Dès lors que l'on descend du niveau de la technique en tant que telle à celui des usages sociaux de la technique, il devient possible de se demander si l'on ne pourrait pas corriger ce qu'elle a de dur et d'inhumain, en misant sur la responsabilité de la société et de ses membres. Sous cet angle, ce n'est pas la technique qui est « barbare » comme le dit Michel Henry, mais la collectivité humaine qui risque parfois de l'être. C'est le cas lorsque la communication est utilisée pour induire une relation manipulatoire d'un objet par un sujet, au lieu d'être considérée comme une pratique gouvernant des relations de sujet à sujet. Dans ce dernier cas, au contraire, cela laisse place à des « boucles de communication » : la réponse du récepteur rétroagit sur l'émetteur, dans une discussion qui est potentiellement mise en commun. On évolue alors dans un registre qui n'est ni celui de la nature, ni celui de la technique, mais celui de la *pratique*. Il y prévaut une logique irréductible à la causalité mécanique, car elle comporte de la *liberté*. Elle va de pair avec le don tel que Mauss permet de le comprendre : un don qu'il soit possible de rendre, en sorte qu'il soit réciproque.

Contrairement ce que porte à croire une conception de la communication qui l'assimile à un savoir-faire d'ingénieur et à l'application d'une pure technique, il ne saurait donc être question de prétendre « donner du sens ». Car le sens ne se commande pas. Mais on peut indirectement favoriser sa réception en agissant « par la bande », c'est-à-dire sur les conditions qui le facilitent, comme le suggère le titre d'un ouvrage de Daniel Bougnoux. Cette action de biais, Jon Elster l'analyse à partir de la fable de La Fontaine « Le laboureur et ses enfants », en mettant en évidence ce qu'on ne peut faire qu'indirectement ou dans la méconnaissance : en l'occurrence, découvrir que « le travail est un trésor », selon la maxime de la fable. Gageons que ce peut être également le cas, malgré tout, de la communication.

# Chapitre 1

## Pour une civilité numérique

La civilité est l'ensemble des pratiques qui permettent de faire preuve de considération dans les relations avec des inconnus. Les habitants de la grande ville peuvent bénéficier, grâce à elle, d'égards comparables à ceux qui prévalent dans les échanges entre les habitants de la petite communauté villageoise, dans laquelle chacun se connaît bien. En ce sens, Jean-Marc Ferry définit la civilité comme un « esprit de convivialité sans immédiateté », qui garantit l'ouverture du petit groupe à la société qui l'environne. Elle émerge, à partir du XVIIe siècle, de la fin des petites bourgades refermées sur elles-mêmes et de l'essor des grandes concentrations urbaines. Elle prolonge la communauté de proximité par un *esprit* de communauté, une mentalité qui permet d'élargir les échanges, de faire face à une plus grande diversité de styles de comportements et de situations. En invitant à se conformer aux valeurs de réserve, d'attention, de prévenance, de politesse ou de délicatesse, la civilité aide à articuler le familier et l'anonyme, le particulier et le général, le connu et l'inconnu. Ces « bonnes manières » font le « civilisé ».

Au XVIII^e siècle, l'esprit civilisé se définit notamment par l'observation des convenances et le souci de contenir l'émotion individuelle par la raison. Bien entendu, il ne s'agit là que d'une situation à un moment donné, qui n'a cessé d'évoluer par la suite. Depuis le milieu du XX^e siècle, l'essor de l'individualisme a infléchi les valeurs de civilité au profit d'une culture de l'« authenticité », liée à l'idéal de réalisation de soi. Dans *Le Malaise de la modernité*, Charles Taylor y voit le risque d'une société fragmentée, dont les membres ne parviennent plus à s'identifier à la collectivité : la transition entre le particulier et le général est plus difficilement assurée. Cette perspective conduit chacun à considérer la société d'un point de vue vaguement *utilitaire*. Pour ceux qui la vivent, une telle situation est ambiguë. Car, tout à la fois, elle consacre l'autonomie de l'individu et elle renvoie chacun à lui-même : surcroît de liberté d'un côté, poids de l'anxiété plus lourd, de l'autre. La culture de l'authenticité met ainsi à l'épreuve les classiques valeurs de civilité. Les techniques du numérique se déploient dans ce contexte, où elles apparaissent comme un nouvel *outil* fournissant des moyens décuplés pour se faire entendre et peut-être reconnaître. Cette logique instrumentale se traduit par une difficulté accrue à tenir le cap d'un savoir-vivre communicationnel.

### *La « société de communication » : entre idéalisation et déploration*

L'essor du numérique s'est accompagné d'un discours bruyant colportant l'utopie de la « société de l'information ». Des théories optimistes voient en cette dernière une promesse de régénération de l'espace public et du débat démocratique. Elles saluent une étape décisive de la construction d'une intelligence collective qui substituerait l'organisation en réseau égalitaire aux « vieilles hiérarchies pyramidales ». Grâce au numérique, la société démocratique, écrit par exemple Dominique Cardon, sortirait de « l'orbite de la politique représentative » et de ce que l'espace public traditionnel avait de « paternaliste ». Inversement, Dominique Wolton déplore, pour sa part, les « solitudes interactives », tandis que Richard Sennett voit, quant à lui, dans les communications électroniques « l'un des moyens par lesquels la notion de vie publique a été étouffée ».

En amont d'une littérature pléthorique, remontons directement aux origines de l'utopie de la communication, dans les années 1940, quand Norbert Wiener invente la cybernétique. Ce nouveau champ interdisciplinaire qui prend son essor au lendemain du second conflit mondial entend unifier, entre autres, la cardiophysiologie, la téléphonie, l'électronique et l'anthropologie. En recherchant des lois de la communication, il s'attache à analyser les phénomènes en termes de relations d'échanges et de circulation de l'information. Ce faisant, Wiener ambitionne de lutter contre le désordre, l'entropie et tout ce qui s'interpose entre les hommes, en sorte que triomphe la *transparence* sociale. Dans *Cybernétique et Société*, il écrit : « La communication est le ciment de la société et ceux dont le travail consiste à maintenir libres les voies de communication sont ceux-là mêmes dont dépend surtout la perpétuité ou la chute de notre civilisation. »

Il n'est pas indifférent que ces réflexions soient contemporaines de celles du sociologue David Riesman qui se montre sensible, quant à lui, à l'autre face de la situation : l'apparition dans la société américaine des années 1950 du tempérament « extro-déterminé », qui désigne un individu essentiellement attentif aux réactions d'autrui et à l'opinion de ses contemporains, un sujet à faible intériorité, hyper-adapté, assez peu armé pour désobéir ou résister. Cet idéal-type s'oppose au profil « intro-déterminé », lequel se comportait jusque-là en fonction de références intérieures, tandis que le tempérament « extro-déterminé » agit en s'ajustant à ses alter ego. De nos jours, cela se traduit par une attitude qu'on peut dire « branchée » : toujours informée, au courant des dernières tendances et des nouveaux usages, incollable sur l'actualité, mais sans recul critique à leur égard ni à son propre sujet. Cela peut se prolonger dans l'opportunisme de l'individu hyperadaptable mais déboussolé, livré sans repos à la dépendance torturante du regard d'autrui.

L'idéal d'une société de transparence où tout est information et circulation de données correspond par ailleurs au passage à une société de contrôle, dans laquelle la sécurité est symbolisée par la *traçabilité*. Avec elle, tout devient vérifiable. Il n'y a plus de secret, de doute, d'atermoiement : tout est archivé. L'incertitude est évacuée, car trop inquiétante. Comme le résume Frédéric Gros, il devient « impossible d'échapper à ses traces, à ses actes passés, à son profil défini ». Ainsi, « sécuriser le monde, c'est le délivrer des hésitations, des opacités, des doutes de la conscience et de la parole ». La traçabilité apparaît comme le prix à payer pour une vie plus facile, faite de transactions rapides, de communication à volonté, de fluidité. C'est nous-mêmes qui, par nos faits et gestes – en surfant sur Internet, en passant devant les caméras de surveillance, en utilisant notre téléphone portable – alimentons les bases de données. Ainsi, dirait-on, les objets deviennent sujets et les sujets objets.

Une dernière série de remarques doit encore venir spécifier l'humeur qui est celle de la communication numérique aujourd'hui. Dans *Les Conspirateurs du silence*, Marylin Maeso analyse la dégradation du débat qui mine les échanges sur les réseaux sociaux, où l'intention d'anéantir l'interlocuteur remplace l'espoir de le convaincre. L'identité, réelle ou supposée, des protagonistes compte davantage que ses arguments, selon une conception d'après laquelle la confrontation ne peut être que violente. L'anonymat n'y est pas étranger, qui désinhibe le pire en permettant une parole sans responsabilité. Dans quel but ? Dire des choses excessives ou agressives pour exister ? Plus profondément : pour ramener l'inconnu à du connu et l'autre au même (que moi). On assiste, résume l'auteur, au triomphe de « la généralité classificatoire » érigée en fin en soi et en « généralité pétrifiée ». Cette dérive dans l'insulte, le mensonge et l'assignation de l'interlocuteur à des catégories formées a priori révèle une insensibilité aux humiliations par le langage, sur laquelle il faut alerter. Car la quête de reconnaissance sous-jacente aux échanges s'inverse ici en une lutte pour la destruction de l'interlocuteur.

Cette dégradation de la valeur d'authenticité en arbitraire du « c'est mon choix » joue au détriment du principe de publicité, dont Jean-Marc Ferry fait l'un des corollaires de la civilité. La publicité, c'est l'idée d'une communication sous-tendue par la discussion argumentée, au profit d'une volonté raisonnable qui ne soit pas autoritairement attentatoire aux libertés, mais qui s'attache à sublimer les conflits. On voit que cette préoccupation s'est inversée dans celle de les attiser, au contraire. Non que la presse classique se soit toujours illustrée par la modération, mais que l'ambition ouvertement affichée soit, désormais, celle de faire du « buzz » à tout prix, quitte à alimenter parfois de fausses rumeurs. La tendance n'est pas nouvelle, les travers du « journalisme » numérique s'inscrivant plutôt dans une continuité historique. Le vrai changement réside dans la facilité inédite avec laquelle il est aujourd'hui possible de publier sur le Net et d'y trouver une audience virtuellement planétaire, ce qui devrait aviver un sens élémentaire de la responsabilité. Si les réseaux sociaux ne suivent pas une logique différente de celle des homériques discussions de jadis au Café du commerce, la nouveauté est cependant qu'ils influencent les chaînes d'information continue, lesquelles trouvent une caisse de résonance dans les chaînes dites classiques et affectent jusqu'au ton du débat politique lui-même. On assiste ainsi au triomphe de la polémique et de l'information négative sur le débat constructif.

Il faut donc *s'étonner* de cette humeur guerrière qui, d'un ton goguenard, aimerait se banaliser. Le plus pernicieux est peut-être le glissement qui conduit du sentiment de proximité, qu'accrédite la facilité de communiquer, à l'assurance d'avoir toute licence pour pratiquer l'irrespect. Cette tendance s'aggrave du fait que la professionnalisation des pratiques de communication numérique, dont les techniques et les stratégies n'ont plus de secrets pour l'utilisateur, donne les coudées franches à la recherche cynique de la pure efficacité. À ce stade, il est à craindre que la virtuosité tactique soit inversement proportionnelle au degré d'engagement sincère des protagonistes dans ce qu'ils disent. On atteint alors le comble de l'utilitaire : quand la visée de dominer l'interlocuteur rend prêt à l'éliminer froidement. Cette posture de déni de l'altérité nous situe ici aux antipodes des recommandations formulées par Jürgen Habermas pour une éthique de la communication, que nous évoquerons au prochain chapitre.

Dans un registre analogue, même s'il est moins conflictuel, Azi Lev-On et Bernard Manin montrent que la qualité de la délibération sur Internet dépend de la capacité à mettre en contact les utilisateurs avec des opinions *opposées* sur un sujet donné et à faciliter l'examen de ces opinions. Autrement dit : la simple diversité, tant vantée par ailleurs, des interlocuteurs ne suffit pas au succès de la discussion. En effet, la délibération véritable exige des efforts d'*organisation*, pour aider à continuer de communiquer malgré les divisions. Non sans paradoxe, ces deux auteurs montrent que c'est pour les utilisateurs les moins militants qu'Internet multiplie effectivement les occasions de délibération en leur permettant de rencontrer des opinions différentes et, par là, de mettre en travail leur avis initial.

Selon maints observateurs, le numérique jouerait, à une époque donnée, le rôle d'amplificateur des tendances sociales et psychiques. Le souci de transparence serait ainsi l'écho d'une époque où le soupçon l'emporte sur la confiance. La lutte pour la reconnaissance dans la société s'exacerberait en querelles identitaires et en repli dans l'entre-soi sur le Web. La technique démultiplierait mécaniquement la conversation de comptoir à l'échelle planétaire du Web. Mais ne peut-on envisager qu'un certain rapport à la technique ne donne des ailes et que, par contraste, une réalité décevante, car simplement ordinaire, ne conduise à reporter de plus belle ses attentes sur Internet ? En ce sens, le ressort de l'amplification serait moins l'effet d'un simple haut-parleur qu'un puissant désir de désertion et de compensation. Car le virtuel tend à transformer en retour notre perception du réel. Selon l'expression de Freud dans *Malaise dans la civilisation*, le numérique assume des capacités « prothétiques ». Internet opère telle une prothèse qui prolonge, accompagne et amplifie les facultés d'action et de perception de nos corps. En l'occurrence, à l'instar de la voiture, du téléphone portable et de la technique en général, il détourne de la finitude et flatte nos rêves de toute-puissance. Il peut donc entraîner par contrecoup une dévalorisation du réel où, à la différence du virtuel, tout n'est pas possible.

Au total, ces analyses convergent dans un constat de retournement du jugement. Il est des problèmes qui n'ont pas de solution technique satisfaisante : ce sont ceux que posent la finitude et la fragilité humaines. Face à eux, le jugement doit conduire son auteur à s'interroger sur lui-même. À l'inverse, le recours au numérique participe de l'illusion qui consiste à s'imaginer que des moyens matériels vont permettre de résoudre ces questions. Au lieu d'inviter à se forger une sagesse de l'existence, il incite à s'aveugler sur les limites de la solution technique.

Ce phénomène de déréalisation s'entretient du fait que la puissance d'une messagerie d'ordinateur démultiplie nos facultés, nous permettant de nous adresser simultanément à une masse d'interlocuteurs. Chacun d'eux, pris isolément, s'en trouve ainsi banalisé. Symétriquement, la multiplication des messages dont nous sommes destinataires nous incite à les déprécier. Si vous étiez sur une île déserte desservie de loin en loin par cargo spécial vous apportant des vivres et quelques rares plis en guise de courrier, vous liriez et reliriez ces précieuses missives pour en soupeser chaque nuance. Mais nous en recevons plusieurs dizaines par jour. Notre vigilance et notre disponibilité étant limitées, ils s'exposent au risque de s'annuler les unes les autres, leur nombre réduisant l'attention que nous portons à chacun d'eux.

Il y a pourtant lieu de surmonter le sentiment d'impuissance qui nous envahit, en luttant contre l'idée d'avoir affaire à un phénomène impersonnel. Car même les messages anonymes, telles ces publicités qui nous demandent expressément de ne pas y répondre, ont été conçus par quelqu'un. Contre l'abattement d'être aux prises avec un système, il importe donc de repersonnaliser la relation. Cela peut s'organiser autour de cette question : comment la merveille qu'est la possibilité de nous comprendre entre humains peut-elle se dégrader en une pollution qui sature nos messageries et tarit la communication ? Ce constat d'apparence anodine mérite un examen particulier.

À force d'être sollicitée sans relâche par des courriels, des SMS, des alertes et des appels de toutes sortes, notre attention se fatigue, se protège, s'anesthésie. Hyper-sélective, elle en deviendrait expéditive et sommairement utilitaire. C'est d'ailleurs ce qu'il ressort de la prodigieuse concision de certains courriels. En contexte professionnel, c'est en général le fait de dirigeants sursollicités qui rationalisent leur temps et leurs mots en les rationnant. Les travaux d'Yves Citton ont le mérite d'alerter plus largement sur cet enjeu silencieux de la communication à l'époque du numérique qu'est *l'écologie de l'attention*.

Avant d'être une disposition individuelle, l'attention portée à l'information est un phénomène collectif. Sans même que nous nous en avisions, elle sélectionne ce à quoi nous prêtons *collectivement* attention. Le seul fait de regarder ensemble la même chose au même moment produit des effets de valorisation commune de ce qui est vu. Il en est ainsi, par exemple, de l'augmentation des audiences d'une compétition de football, qui croissent immanquablement jusqu'à la finale. De même qu'on ne prête qu'aux riches, l'attention attire l'attention. Faire jouer des célébrités dans un spot publicitaire assure à ce dernier un impact plus important. Mais la masse globale d'attention disponible chez une personne donnée reste limitée. Les différents objets sur lesquels son attention est susceptible de se porter se trouvent donc en rivalité. L'attention elle-même devient ainsi un bien rare et un enjeu. D'où la question que se posent tous les émetteurs, selon l'expression désormais célèbre d'un ancien dirigeant de TF1 : comment capter du « temps de cerveau disponible » ? Inventée par Herbert Simon, l'économie de l'attention est issue de ces constats. Elle repose sur un principe simple : l'attention disponible est dans un rapport inverse avec l'abondance de l'information. C'est le dilemme provoqué par les outils numériques : en tant qu'émetteur, comment conquérir l'intérêt des destinataires ? En tant que récepteur, comment résister à la dégradation de ses capacités d'attention ? En cultivant les subtilités de la qualité contre les assauts de la quantité.

Sous ce prisme, le problème n'est pas sans réplique. Privilégions, à ce stade, la situation du récepteur, avant de revenir sur celle de l'émetteur. L'attention individuelle revêt, non pas une, mais plusieurs modalités possibles, qu'il convient d'entretenir avec soin dans leur diversité. En tant que principe de sélection, l'attention enchevêtre plusieurs niveaux tels que les valeurs (permettant l'évaluation réflexive), la focalisation volontaire sur les objets, la captivation automatique par les saillances de ce qui nous « saute » aux yeux. Mais toute hyper-focalisation sur l'un de ces critères entraîne une hypo-focalisation sur les autres. Pour surmonter cette forme de cécité attentionnelle, il importe de veiller à *diversifier* les modalités d'attention. C'est le contraire de la pratique qui consiste à passer très vite d'une tâche à une autre. Le travail en mode « multitâches » induit, en réalité, une baisse de la concentration et une moindre qualité de toutes les tâches menées simultanément.

Varier les modalités d'attention peut passer, à l'inverse, par le paradoxe de l'attention flottante, bien connue des psychanalystes. Il consiste à s'attacher à ce qui se situe *autour* de ce qui s'énonce, dans un parti pris de détachement libérateur : faire attention à ce que *l'on ne sait pas*, dans une attitude de flânerie et de disponibilité au monde environnant, par suspension de la pensée raisonnante. Cette prise de recul constitue un pas de côté, qui invente un tiers et dépasse l'alternative binaire entre interlocuteurs. Cet exercice peut se prolonger en attention *réfléchie*, afin de se concentrer, cette fois, sur ce que l'on *pense* de l'information recueillie. Cela suppose un travail de singularisation qui demande du temps et qui est donc incompatible avec l'excès d'information et de précipitation.

Il est donc capital, en pratique, de se soustraire à l'emprise du régime médiatique de l'alerte permanente et de se préserver de l'hyper-exposition pour se ménager un *quant-à-soi*. Il en va, en effet, de l'individu comme des collectifs : il y a deux formes d'appauvrissement. Comme l'ont montré aussi bien Claude Lévi-Strauss que Paul Ricœur, l'une résulte de l'absence d'échanges, par isolement ; l'autre de l'excès d'échanges, qui menace d'uniformisation. Cette vigilance défensive peut s'allier à une préoccupation plus positive : apprendre à accommoder le regard sur les arrière-plans, afin d'y discerner ce qui n'est pas saillant.

De façon générale, le traitement de l'information requiert un effort constant de prise de recul à l'égard des trois sommets du triangle que sont nous-mêmes en tant que récepteur, notre interlocuteur en tant qu'émetteur du message, enfin le milieu médiatique environnant. Cela peut se résumer en trois questions. Quels sont mes prismes de sélection et d'attention et comment les diversifier ? Quels sont les visées d'influence et les éventuels stratagèmes sous-jacents à l'information qui m'est adressée ? Que penser des filtres qui hiérarchisent les thèmes de préoccupation qui font débat dans l'opinion ?

### *Quelles interprétations du monde à travers les algorithmes ?*

Les informations disponibles sur Internet sont si abondantes que l'on a inventé les moteurs de recherche, qui les sélectionnent en réponse à nos demandes, au moyen d'algorithmes. Ce procédé « permet de résoudre un problème sans avoir besoin d'inventer une solution à chaque fois », selon la définition qu'en donnent Serge Abiteboul et Gilles Dowek. Tel est le cas, par exemple, d'une recette de cuisine. Il va sans dire que ces outils doivent pouvoir prétendre à une *neutralité* minimale de leur choix. Néanmoins, ils accomplissent pour notre compte un travail de hiérarchisation et de simplification qui constitue un certain point de vue sur le monde : à la fois angle de vue et, inévitablement, point aveugle d'un angle mort qui empêche de voir autre chose. Il est probable que ce dilemme n'ait pas de solution.

On s'en tiendra ici au mécanisme le plus sommaire : la simple recherche de données sur un quelconque moteur de recherche. Les informations qui apparaissent en première page et en tête de liste évincent les autres et les rejettent dans les profondeurs du classement, ce qui condamne la plupart d'entre elles à l'invisibilité. En pratique, neuf recherches sur dix ne se poursuivent pas au-delà de la première page.

Sur quelles bases repose cette hiérarchisation ? La réponse à cette question ne peut être satisfaisante, les fondateurs de Google, moteur le plus utilisé, ayant renoncé à leur idée initiale d'instaurer la transparence sur les critères et les pondérations qui président à leur sélection. Seul PageRank est connu en détail, parmi deux à trois cents critères. Google publie certaines recommandations, dans le but d'inciter les éditeurs à en tenir compte. En effet, exister sur le Web, c'est être indexé par les moteurs de recherche. Pour apparaître dans leur radar, il est donc indiqué de se conformer aux préconisations qui émanent de ces derniers. D'où un enchevêtrement d'influences entre concepteurs du moteur, éditeurs de contenus et internautes. Les algorithmes sont le lieu d'une tension entre les intérêts et les capacités d'action de ces divers protagonistes, tension qui se répercute sur le classement des documents les uns par rapport aux autres. C'est dire que la neutralité prétendue des moteurs de recherche est trompeuse. Ces derniers sont à considérer comme de simples conseillers *proposant* une liste de choix.

Il faut donc s'en remettre à la sagesse, à la curiosité et à la ténacité de l'utilisateur pour multiplier les recherches par d'autres sources et sur plusieurs moteurs, afin de compenser la partialité des résultats d'une requête unique. À défaut, il est à craindre que celle-ci ne débouche sur la même liste que la requête de tout autre internaute. Sous couvert de neutralité, voire de naturalité, cet effet de normalité favorise ainsi le conformisme, incitant chacun à se renseigner aux mêmes sources que ses semblables et à privilégier un certain type de traitement de l'information, voire d'éditeurs et de supports. Le pluralisme de l'information et de l'opinion s'en trouve réduit d'autant.

La hiérarchisation de l'information par les moteurs de recherche ne saurait donc pas prétendre à l'infaillibilité. Leurs concepteurs n'en disconviennent pas, du reste, mais ils le font discrètement. Les résultats qui s'affichent sur votre écran se présentent comme parés d'une légitimité acceptable, inspirée de la loi de majorité : les choix apparaissant en tête de liste sont réputés les plus demandés. Une logique qui semble aussi peu contestable que celle du suffrage. Mais, si elle n'est pas contestée pour les choix démocratiques, celle-ci n'est pas suffisante pour justifier les algorithmes. Car les critères sur lesquels reposent ces derniers sont à la fois occultes et non discutés. En démocratie, la décision majoritaire intervient au terme d'un débat, d'une délibération, d'une campagne électorale, qui ont permis au vote de mûrir, par l'échange argumenté entre des convictions différentes, selon une procédure respectueuse d'un pluralisme qui fait droit, en principe, à toutes les composantes de l'opinion. La décision démocratique ne peut donc être ni immédiate ni automatique. Celle qui résulte d'un algorithme s'impose, quant à elle, littéralement sans discussion. Elle relève, en ce sens, d'un simulacre de démocratie. Tout en s'abritant derrière cette référence implicite, elle agit dans un esprit qui lui est contraire. Au lieu du mûrissement des points de vue, elle organise un consumérisme impatient. En outre, elle tranche selon une conception dogmatique de la majorité, qui relègue les minorités dans l'oubli des pages les plus inaccessibles du Web. Cette logique postule un utilisateur du Web qui n'a pas de temps à perdre. Il connaît sa stratégie et file droit à ce qui lui est *utile*. Il n'a pas à faire retour sur lui-même pour douter et s'interroger. Pensant être servi, il risque de se laisser convaincre un peu plus chaque jour par la conception simpliste selon laquelle il suffirait d'être informé pour comprendre le monde.

Qu'est-ce qui explique le crédit que les utilisateurs portent aux algorithmes ? Plutôt que de leur prêter une confiance aveugle, sans doute faut-il considérer qu'ils estiment n'avoir pas le choix. Cela suppose néanmoins de leur part une crédulité minimale, en étroite cohérence avec un monde marqué par le souci permanent des classements, des notations, des labels, des prix et autres palmarès : autant de facilités qui renvoient à l'obsession de gagner du temps et de faire le bon choix le plus vite possible, dans l'abondance. Affleure ici un mécanisme que nous retrouverons par la suite dans le registre du pouvoir, à propos de la servitude volontaire : celui du « despotisme doux » analysé en son temps par Tocqueville. Il est le fait d'une puissance bienveillante qui vous prodigue ses largesses *et qui s'occupe de tout*. Voilà qui nécessiterait un surcroît de vigilance, alors qu'il n'en est rien.

Car le fait, en l'occurrence, de s'en remettre à une sélection effectuée par d'autres suppose de faire abstraction des valeurs auxquelles on croit personnellement.

Cette situation renvoie elle-même à une logique de marché et, dans ce cadre, à l'importance attribuée à la réputation. Dans *De la justification*, Luc Boltanski et Laurent Thévenot montrent que l'échange marchand suppose à la fois un sentiment de proximité (à son propre intérêt) et de détachement (pour s'accorder avec n'importe qui et conclure la transaction). C'est donc une posture pragmatique qui demande peu de mémoire, pour ne pas être freinée par des fidélités et des attachements. Pour sa part, la réputation dépend uniquement de l'opinion des autres. Sur le Web, elle se traduit notamment en nombre d'« amis » et en notation des services par les utilisateurs. Pour agir efficacement selon son propre intérêt, il convient donc de ne pas trop se demander à quoi l'on tient soi-même et d'être au contraire très attentif à ce qui plaît aux autres. L'un dans l'autre, le sens de mon intérêt implique donc de m'en remettre à ce qui plaît aux autres. Le fonctionnement des algorithmes reflète cette logique qu'il faut à nouveau qualifier de conformiste. Sous couvert de l'aider à s'informer, elle conduit en réalité l'utilisateur à se mettre simplement au courant de ce qui se fait. Pour ne pas se dispenser de penser, il faut encore que l'internaute s'avise qu'elle ne peut le faire à sa place.

Il convient donc de démystifier le caractère prétendument naturel du fonctionnement du Web. Le monde virtuel résulte d'inventions, d'actions et de décisions humaines à déconstruire. Derrière chaque mécanisme, il y a des personnes. Il semble capital que les moteurs de recherche acceptent de rendre publics les algorithmes qu'ils utilisent. Il est indispensable que leurs concepteurs sortent de l'anonymat afin d'expliciter leurs choix. Mais il y a plus. Côté utilisateur, la démultiplication des moyens qu'offre le numérique réduit à presque rien l'effort humain à fournir. C'est donc l'occasion manquée d'*éprouver* ce que nous faisons. Retrouver une citation en un clic apporte un vernis de culture. La rechercher par soi-même et la dénicher au cœur d'un texte entre mille choses rend cultivé. Car cela permet, au passage, de ressentir l'effet retour sur soi-même de la traversée d'un monde et d'un réel qui résiste, seule manière d'apprendre de nos actions en étant affecté par elles. Une chose est de transmettre le résultat d'une recherche ; autre chose est d'avoir mené le cheminement soi-même. Le court-circuit qui réduit la démarche au résultat est le ressort comique du dessin de Sempé montrant un jeune cadre dynamique campé devant un paysage grandiose et s'exclamant : « Objectifs : luxe, calme et volupté. » Car c'est la démarche elle-même qui permettra d'identifier de tels états, bien difficiles à cerner a priori. Ceux-ci ne répondent pas à une définition, mais relèvent d'épreuves qui en révéleront le sens au long du parcours. De tels apprentissages, parce qu'ils sont nécessairement indirects, procurent ce qu'on appelle « expérience », « maturité », voire « sagesse ». Ils portent en eux la marque du temps.

### *Le management à l'ère du numérique*

Le numérique modifie les conditions de travail en des termes qui dictent au management de nouveaux motifs de vigilance. Il fragilise le cadre de travail spatio-temporel, comme le souligne Alain Supiot. En contexte fordiste, il y avait concentration de la main-d'œuvre en un même lieu et séparation topographique du travail tant avec l'habitat qu'avec la cité. À l'inverse, l'introduction du numérique est facteur de dispersion des travailleurs sur écran (chacun concentré sur le sien, alors même qu'ils sont tous situés en un même espace) et d'indifférenciation des lieux, que les technologies de l'information ont rendus poreux. Avec le bureau nomade, le télétravail, la connexion maintenue durant les trajets, la dimension physique des sites s'évanouit sous l'effet d'une sorte d'ubiquité. Il faut donc se demander comment le management peut rétablir des temps individuels et sociaux structurés et limiter la flexibilité du travail humain. L'un des enjeux est aussi de reconstituer la communauté de travail autour d'une coopération effective et pas seulement comme une entité virtuelle vouée à travailler à distance, via des outils informatiques, sur le mode « collaboratif ».

Autre constat : le numérique est facteur de « sociabilité à haute fréquence et à faible intensité », selon l'expression de Dominique Boulier. Cela signifie à la fois un surcroît d'intensification du travail et un plus grand isolement des salariés. S'il est un stress désiré qu'on observe parfois dans certains métiers, tels la finance ou le journalisme, il en est un autre, largement subi, qui peut conduire au burn-out. Le management ne peut pas tout, mais il lui revient d'alerter sur ce point. Cela doit notamment conduire à lutter contre la tyrannie de fausses urgences, sur laquelle nous reviendrons dans la troisième partie de ce livre. L'enjeu déborde largement ce qu'il est devenu courant de désigner, par euphémisme, les « risques psychosociaux ». Il en va, en effet, d'un système d'interactions généralisées qui ne consiste plus à intérioriser une norme de comportement, mais à réagir à un milieu de flux dynamiques en se montrant souple et en s'adaptant « au fil de l'eau ». Cela demande une agilité extrême, une vigilance inquiète, une vitesse de réaction bien éloignée des apprentissages laborieux de la discipline. L'individu n'est pas seulement traversé par des flux d'information, il leur répond, il les redistribue : il devient un nœud du Net globalisé. Le numérique induit un nouveau mode de subjectivation.

Outre ces enjeux, le management se trouve confronté à une évolution qui l'affecte lui-même. Jusqu'au milieu du siècle dernier, le travail rimait avec absence de parole. Par la suite, l'évolution des tâches rendant nécessaire l'engagement subjectif des salariés, la fonction communication interne s'est attachée à seconder le management dans le développement d'un discours qui mette en perspective le sens des tâches, des projets, des changements dans l'organisation. Au règne du silence a succédé celui du recours au langage comme médiation symbolique de l'intercompréhension et de la socialisation au travail. À ce titre, il est voué à entretenir l'adhésion. Le développement des technologies de l'information a permis d'industrialiser cette tâche. Quantité de données – messages techniques ou généraux, réglementation interne, outils de gestion, etc. – ont été diffusées aux salariés par les directions via la messagerie ou l'intranet, version interne du Net, dans le but, non seulement d'informer, mais d'influencer l'opinion des salariés. Le rôle du management de proximité s'en est trouvé réduit d'autant.

C'est ce qu'on pourrait appeler le *déclin de la prévenance*. Pour être informé, il faut désormais, non plus s'adresser au chef, mais se référer à l'ordinateur. L'avantage, c'est que le manager ne peut plus compter sur la rétention d'information pour asseoir son pouvoir. L'inconvénient, c'est celui d'une logique qui consiste à reporter tout l'effort de compréhension sur le salarié. De même, dans nombre de situations, le recours à Internet vise à externaliser les coûts de l'organisation sur l'usager ou le consommateur. Le fait de consulter son compte en banque depuis chez soi dispense de se déplacer, mais allège d'autant les tâches du conseiller en agence. Cette charge incombe désormais au client, de même qu'en lui adressant ses factures par courriel on lui impose de les imprimer lui-même à ses frais.

Le déclin de la prévenance revêt ainsi une double signification. D'une part, il y a la dimension discrètement tyrannique du « do it yourself » qui, au nom des valeurs d'autonomie, invite chacun à se débrouiller seul. Jadis, le cadre expliquait les directives aux employés sur un ton souvent paternaliste, qui infantilisait. Désormais, c'est l'excès inverse : le manager s'adresse aux salariés comme à des individus autonomes qu'il n'est pas nécessaire d'accompagner. Le numérique s'inscrit ainsi dans la continuité du principe de « dévolution » analysé par Danilo Martuccelli. Un objectif est signifié au salarié : à lui de faire en sorte de l'atteindre. S'il échoue, il ne pourra s'en prendre qu'à lui-même. Mais ce but n'est pas facile à avouer. Il est donc exprimé à mots couverts – c'est le deuxième aspect – en des termes vaguement mensongers. Dans ces conditions, devenu un peu moins prescripteur, le manager devrait plus s'affirmer comme « animateur de cohérence », en se mettant davantage au service de la mise en relation.

Cette dernière évolution, qui reste largement à accomplir, semble capitale. À défaut, risque en effet de prévaloir une conception purement utilitariste du management. Tandis que le cadre paternaliste s'obligeait lui-même à agrémenter ses ordres d'un peu de chaleur humaine, le management utilitariste se défausse sur l'équipe sans autre forme de procès. Analysant l'intériorisation des normes sociales, telles les manières de table au XVII^e siècle, Norbert Elias se faisait l'observateur de formes de civilité et de pratiques faisant société. Avec le numérique, il s'agit de tout autre chose : de se passer du lien social en lui substituant la prothèse du Web. La démarche renvoie au fantasme d'une société composée d'atomes ne tenant ensemble que par les réseaux d'information. Une forme de vie dans laquelle demander son chemin est, dans certains quartiers, presque impossible, parce que chaque passant est connecté sur Internet et que personne ne parle à personne, privilégiant un rapport instrumental à son environnement sur une expérience de co-appartenance au monde.

On peut y voir l'écho d'une ambition libertaire qui porterait à s'affranchir des intermédiaires et autres « pesanteurs » institutionnelles. Le paradoxe est qu'un tel projet conduit à se rendre tributaire du Web pour le moindre geste de la vie quotidienne, dans l'illusion de ne dépendre de personne. Mais il est sans doute plus exact d'avouer que la situation est inédite. Car il y a plus. À proprement parler, le cadre de travail s'efface : les limites définissant les contours de l'organisation sont devenues poreuses. L'information n'est pas seulement disponible sur l'intranet, mais aussi à « l'extérieur », sur Internet. Et les salariés ne sont pas seulement des récepteurs d'information, mais des émetteurs en puissance, notamment sur les réseaux sociaux. Dans ces conditions, le collectif de travail semble, en réalité, changer de forme. Celle qu'on peut lui reconnaître aujourd'hui s'apparente moins à un ensemble unitaire qu'à une diversité traversée de forces centrifuges qui convergent difficilement et par intermittence.

Au XVIIe siècle eut lieu une controverse à la fois pratique et théorique entre ces deux modèles politiques. Le premier, défendu par Hobbes, est celui du « peuple », défini comme « une sorte d'unité qui a une volonté unique ». L'autre, conçu par Spinoza, est la « multitude », conçue comme une pluralité qui persiste dans l'action commune et ne converge pas dans l'unité. L'État a pour vis-à-vis le peuple, estime Hobbes, qui n'a pas de mots assez durs pour déprécier la multitude. La tradition du libéralisme politique a fait prévaloir le peuple à son tour. Le philosophe Paolo Virno fait l'hypothèse que nous assistons peut-être aujourd'hui à la revanche de la multitude. Celle-ci, précise-t-il, trouve son unité dans « le langage, l'intelligence, les facultés communes du genre humain ». Cette unité-là n'est donc pas une chose, mais un présupposé ; elle est faite de lieux communs. On peut se demander si le Web n'est pas l'un d'eux. Ce serait l'éclosion d'un nouveau mode d'appartenance à l'organisation de travail, faite d'une adhésion critique, provisoire et distanciée, toujours conditionnelle, à l'instar de celle dont font preuve les jeunes générations : celles des « digital natives » qui, précisément, ont toujours connu Internet.

Il serait sans doute excessif de voir dans le numérique la cause de cette évolution. Mais on semble fondé à considérer que les deux phénomènes vont de pair et s'entretiennent l'un l'autre, appelant une évolution significative dans la conception du management. Le terme de multitude présente l'avantage d'une neutralité dépourvue de connotation péjorative ou nostalgique à l'égard d'une perte de l'unité (idéalisée) du peuple. La réalité qu'elle désigne n'en est pas moins problématique. Car elle est synonyme de précarisation des engagements et de fluidification des collectifs, devenus incertains, changeants, aux mouvements imprévisibles et opportunistes. En management comme en politique, la multitude, marque d'un « individualisme de singularité », selon l'expression de Pierre Rosanvallon, constitue un véritable défi à relever. Elle donne une réalité palpable à une opinion dont l'expression reste confuse et vulnérable, car atomisée.

*Du bon usage des courriels :*
*pour un savoir-vivre numérique*

Terminons par un enjeu résolument ordinaire qui nous situe dans la posture de l'émetteur, après avoir envisagé plus haut celle du récepteur. Parce qu'il est nettement plus simple, en pratique, d'envoyer un mail que d'écrire une lettre, rédiger un courriel devient un acte quasi-réflexe et peu réfléchi. Il n'est donc pas inutile d'y revenir, ne serait-ce que pour s'interroger à son sujet, sans prétendre avoir toujours de réponse – et moins encore avoir *la* bonne réponse.

Avant de se précipiter sur la messagerie, il n'est pas vain de se demander si le mail est le moyen le plus adapté à la situation – plutôt que le téléphone, l'entretien en face à face, la réunion… ou l'abstention. On y reviendra. Vient ensuite la question de la posture. Elle est le plus souvent associée à une temporalité de l'immédiateté. Parce que l'écriture d'une lettre classique intègre la lenteur de son acheminement, elle consiste en une sorte de méditation par laquelle on se représente en imagination la personne du destinataire. À distance, il s'agit de parvenir à l'atteindre. La préoccupation est donc celle de la relation. L'écriture d'un mail, quant à elle, parce qu'elle s'inscrit dans l'instantané, se tient dans le registre de l'action. On dégaine le plus vite possible, comme au Far West, et sans trop réfléchir. S'y ajoute le souci de produire un résultat, ce qui incite à traiter le destinataire comme un objet que l'on actionne. Si l'on n'y prend garde, il est donc tentant – et courant – d'adopter un ton utilitaire et factuel, voire unilatéral. Par lui-même, le courriel accrédite facilement, à la lecture, une impression de dureté, même si telle n'est pas l'intention. Il s'énonce crûment, sans les nuances de l'expression du visage ni les inflexions de la voix, du rythme et de la respiration. Si, de surcroît, l'interlocuteur n'est pas là pour modérer mon ardeur en me rappelant que son corps est le strict égal du mien, il arrive que, dans le feu de l'action, le message tombe tel un couperet. Naturellement, cela ne sera pas sans heurter le destinataire, au prix de quiproquos, voire de conflits, par simple maladresse.

Mieux vaut donc prendre le temps de la réflexion si l'on entend s'exprimer par courrier électronique. Pour faire image, on dira que c'est le moment de l'isoloir dans lequel on prépare son vote, le détour par le for intérieur, qui permet d'éviter la repartie de comptoir et autres propos intempestifs. En pratique, cela peut se traduire par une règle simple : dans la mesure du possible, s'octroyer un délai de prise de recul, notamment quand il s'agit de répondre et tout spécialement en cas de désaccord. En outre, le recours au mail marque le grand retour de l'écrit. Pourquoi ne pas miser sur les ressources que cela réserve et adopter un style *soigné* ? Il n'est pas nécessaire de se prendre pour Stendhal ou Voltaire. Il suffit de veiller, non seulement à la précision du message, mais aussi à la *manière*. Cela n'empêche pas, bien au contraire, de mobiliser aussi les facilités du numérique, moins formel que la correspondance classique, en s'autorisant à être concis. Parfois, le message peut se réduire à un simple « merci ».

Une fois le courriel envoyé, commence le temps de l'attente. Parce que l'acheminement est en principe immédiat, il est tentant d'escompter une réponse rapide. Ce serait oublier que l'avantage principal de ce support est l'asynchronie. Prenons donc garde à l'impatience. Sans doute avons-nous à intégrer le fait que les échanges numériques nous mettent en relation avec des correspondants dont nous ignorons tout de la situation dans laquelle ils se trouvent lorsqu'ils nous lisent. À cet égard, une nouvelle civilité est sans doute à inventer qui permette de mieux ajuster la proximité rendue possible par Internet à la distance géographique et relationnelle qui n'en subsiste pas moins.

Quand la réponse tarde à venir, elle s'attire la réprobation de l'émetteur, car l'échange numérique se place sous le signe de la rapidité obligatoire. On y voit le fait d'un comportement déphasé, distrait ou désinvolte, voire inadapté. Serait-ce une manifestation de résistance de la part d'un réfractaire à l'instantané ? On touche ici, non seulement au problème permanent de l'urgence à notre époque, mais aussi au mot d'ordre tacite qui s'impose en silence : sous prétexte qu'elle est techniquement possible, l'immédiateté est devenue la norme. Qui s'en soustrait s'exclut de lui-même du système.

Quant au message laissé sans réponse, non sans paradoxe, il est souvent le fait d'un correspondant très intégré et sursollicité occupant une position éminente. Il révèle la fluidité des échanges numériques pour ce qu'elle est. Restant tributaire des personnes, elle n'efface pas l'inégalité entre rôles sociaux. Parce qu'il dénie la réalité de votre message, et donc celle de son auteur, le silence de l'interlocuteur est une marque de mépris. L'horizontalité des réseaux et la simplicité égalitaire qui s'y répand à l'envi butent ici sur la verticalité des pouvoirs et des puissances.

À maints égards, il ne serait pas inutile d'intégrer les usages du numérique aux programmes de formation proposés en contexte professionnel, voire dès l'école. Non pas tant sous la forme de conseils techniques et autres « boîtes à outils », mais à partir d'une réflexion autour de la question : qu'est-ce qu'une société *qui se respecte* et comment pourrait-elle le manifester dans les échanges qui l'animent ? Telle est, en effet, la question que suscite l'imposant vacarme auquel se réduisent, bien souvent, nos échanges d'aujourd'hui. Ce que ce spectacle parfois désolant a de plus manifeste n'est-il pas, bien souvent, que personne n'écoute personne ? L'information elle-même n'a-t-elle pas d'emblée le statut de déchet, se sachant vouée, à l'exemple de la publicité, à être éliminée sans être lue ? Dans cette mesure, c'est elle-même qu'elle méprise.

Au-delà, il serait possible de s'interroger sur le bon usage du numérique, tel qu'il résulterait d'un examen détaillé des avantages comparés du courriel, du texto, du téléphone, de l'entretien en face à face et de la traditionnelle réunion. L'un des bénéfices du numérique est de faciliter les échanges utilitaires logistiques et la prise de décisions relevant d'une simple logique binaire (« Notre déjeuner de demain tient toujours ? »). Mais ce canal se révèle moins adapté que la discussion de vive voix au difficile exercice qui consiste à s'accorder entre opinions différentes, dont il va maintenant être question.

*En résumé*

• La communication est indissociable de l'exercice d'un certain pouvoir, car elle vise à atteindre l'interlocuteur pour l'influencer. Elle promet donc le meilleur comme le pire.

• Sur les réseaux sociaux, la violence des échanges tend à banaliser l'humiliation et la haine. Elle consacre le triomphe de l'entre-soi et le mépris de l'esprit critique.

• Pas d'esprit critique sans quant-à-soi. Pour le préserver, se soustraire au régime médiatique de l'alerte permanente et du travail en mode « multitâche », aussi épuisants qu'inefficaces.

• Un élémentaire savoir-vivre numérique implique de résister au tout-numérique, qui accélère de déclin de la prévenance.

• Comment puis-je contribuer par ma communication à une société qui se respecte ?

• Je reçois un courriel qui me contrarie ? Pour éviter les dérapages, mieux vaut attendre vingt-quatre heures pour y répondre.

*Pour aller plus loin*
Voir en fin de volume.

# Chapitre 2

## Pour une éthique de la discussion

Les échanges par courriers électroniques ont pris une telle place dans les relations qu'il n'est pas inutile de réhabiliter les vertus de la discussion de vive voix. Dès lors qu'il devient nécessaire d'expliquer un point de vue, de dissiper un quiproquo, d'éviter qu'un désaccord ne s'envenime ou ne s'enlise, il est urgent de lâcher le clavier et de décrocher le téléphone. Il est vain de continuer d'égrener par écrit les attendus d'une argumentation quand, en réalité, les positions en présence ne parlent plus de la même chose. À un certain moment, plus fréquent qu'on ne croit, le simple échange d'informations se révèle trop pauvrement binaire. Il nécessite le recours à un tiers, ce que permet la discussion, qui ouvre un espace de communication.

### *Discuter : une perte de temps ?*

Mieux vaut la discussion en face à face, si elle est possible, plutôt qu'à distance. La co-présence physique est irremplaçable pour quantité de raisons. En amont, le simple fait de se déplacer d'un bureau à un autre manifeste un engagement qui atteste l'importance que l'on attache à la situation. Le fait de recevoir son interlocuteur signale le souhait de lui consacrer du temps. Implicitement se dessine une gradation des égards, qui débute par le texto, puis le mail (moins concis), se prolonge par la conversation téléphonique ou par Skype, pour culminer avec l'entretien en face à face et la réunion. En situation, la discussion peut s'agrémenter de rituels en apparence hors sujet (« Je vous en prie, prenez place… Est-ce que je vous sers un café ? ») qui décentrent l'attention et ancrent l'enjeu dans le contexte d'une relation. Les silences, l'intonation, la gestuelle, les mimiques, les expressions du corps nuancent et soutiennent les propos. Tous ces détails, a priori anodins, constituent le tiers dont il était question à l'instant. Enfin, se rencontrer permet de se synchroniser en partageant du temps ensemble et de raviver le sens d'une collaboration. Cela permet à chacun de *se* communiquer à l'autre. La discussion permet ainsi de sortir de l'isolement pour échanger à propos d'une difficulté, demander conseil, s'ouvrir à une personne de confiance d'une préoccupation personnelle. Le dialogue en face à face est irremplaçable. Nous verrons à propos de la « servitude volontaire » qu'Étienne de La Boétie y voit un recours à privilégier pour déjouer les situations de domination, dans lesquelles nul ne se parle, ne pouvant se fier à personne.

Ces enjeux symboliques ont aussi leur versant plus sombre. Ainsi quand la puissance invitante vous fait tenir longuement antichambre, avant de vous recevoir avec distance en se laissant distraire sans cesse par le téléphone. La vie publique a ses codes, finement analysés par Erving Goffman, et certains ne manquent pas d'en user comme d'une technique de pouvoir. Il en va de même lorsque, en pleine réunion, les participants pointent le nez sur l'écran de leur téléphone portable pour lire courriels et SMS, quand ce n'est pas pour y répondre. En manifestant qu'ils sont ailleurs, ils brisent le code de civilité qui requiert une présence maîtrisée en société, subtil dosage de retenue et de concentration attentionnée. Que les intéressés s'en justifient au motif que « c'est urgent » en dit long, non seulement sur l'oubli de ces règles élémentaires, mais plus encore sur la nécessité de réhabiliter l'importance des réunions et des entretiens. Avant toute chose, ils supposent de les conduire avec le véritable *talent* qu'ils méritent.

Trop souvent, la discussion est considérée comme une perte de temps. C'est sans doute que l'on ne s'y sent pas à l'aise soi-même et que, sans doute d'expérience, on a décidé que l'échange ne produisait rien de bon. La discussion est pourtant la seule manière de s'expliquer sur le fond, de négocier, de démêler et surmonter un conflit. Elle est devenue d'autant plus indispensable que se développe l'information par voie numérique. Car, sans elle, impossible de mettre en perspective les informations lapidaires véhiculées par mails, comme les données souvent parcellaires, voire contradictoires, qui circulent sur le Web. Plus profondément, elle permet de contrebalancer les tendances centrifuges qui traversent l'équipe, en la réunissant physiquement.

Rien de mieux que de partager du temps, comme le rappelle ce praticien des ressources humaines qu'est Bruno Mettling. Collectivement, la discussion d'équipe permet, si elle est organisée régulièrement, de réduire les écarts entre travail prescrit et travail réel. En pratique, le travail implique, en effet, d'introduire des variantes par rapport aux règles et aux procédures formelles, qui ne peuvent s'appliquer qu'au prix d'un ajustement permanent à la réalité des situations. Mais ces écarts demandent ensuite à être validés. Faute de quoi ils suscitent un questionnement qui perturbe, qui inquiète, voire qui fait souffrir les professionnels.

C'est particulièrement le cas dans les métiers de services, où il faut constamment répondre de ses actes, parfois en direct, auprès des collègues, du responsable, de l'usager ou du client. La discussion d'équipe sur le travail bien fait permet de résoudre cette problématique, tant d'un point de vue technique que dans la dimension d'élaboration psychique des affects. Son absence est vécue, au contraire, comme une expérience d'abandon qui condamne à la compromission, voire à la trahison de soi : celle de se résigner à un « sale boulot », dont il n'est pas rare que l'on s'autopunisse ensuite, sous la forme d'un burn-out, d'un syndrome dépressif ou psychosomatique. La discussion permet, au-delà, d'actualiser l'éthique du métier et l'existence du collectif de travail lui-même. À cet égard, elle intervient comme un facteur de réduction de l'imprévisibilité des comportements. Elle peut se prolonger dans l'analyse de pratiques et constituer comme elle un rempart contre les risques psychosociaux.

Une pratique régulière de la discussion d'équipe peut contribuer à un apprentissage du travail et de la vie de groupe, permettant de dépasser les relations affinitaires et de surmonter la tendance au retrait. Cette « culture du développement social », à laquelle invite le sociologue Renaud Sainsaulieu, apprend à articuler les différences, beaucoup plus qu'à partager des valeurs et des représentations communes. En tant qu'apprentissage de la coopération, elle suppose cependant un *surcroît* d'organisation, notamment pour éviter l'effet « panier de crabes ». Elle demande de surmonter les blocages tayloriens et bureaucratiques régis par la crainte de l'expression publique et de la participation. Cela étant, il convient de ne pas se voiler la face sur les difficultés qui s'annoncent à l'horizon de la discussion.

### *Des difficultés de penser l'altérité dans le monde contemporain*

Au chapitre précédent, l'évocation de la mauvaise qualité du débat sur les réseaux sociaux en a fourni un premier indice : notre époque se trouve en indélicatesse avec l'altérité. Dans le même sens, il n'est que de rappeler la propension qu'on observe, ici et là, à ériger des murs aux frontières, parfois en agrémentant ce projet de propos ouvertement xénophobes. Remarquons aussi l'omniprésence de la notion d'identité dans les conversations. Or, qu'elle soit nationale, professionnelle, locale, confessionnelle, ou autres, la référence à cette fragile notion signifie une forme de clôture sur soi qui contient – et parfois laisse déborder – une charge d'agressivité à l'égard des autres, qui ne la partagent pas, par définition. En pratique, le phénomène s'accompagne d'attitudes frappées d'ethnocentrisme.

Les groupes sociaux se retrouvent dans un entre-soi toujours plus étroit : la non-mixité sociale des quartiers se reproduit à l'école, au travail, dans les loisirs, en vacances…

Un autre exemple pourra peut-être surprendre. Il est fourni par l'expression désormais célèbre : « Je suis Charlie ». Tout se passe comme si l'intention compassionnelle qu'elle manifeste trahissait une conception fusionnelle de la compassion. Comme si l'on peinait à pouvoir souffrir avec l'autre *en tant qu'autre*, alors même qu'il n'est pas soi. Il y a, certes, du semblable chez l'autre, mais il y a aussi du dissemblable, et c'est heureux. Ce qui l'est moins, c'est l'idée de réserver son empathie aux personnes auxquelles on s'assimile, car une telle option serait pingre. Rien ne permet d'affirmer que telle est l'intention sous-jacente à cette expression. Il suffit de noter qu'elle révèle, à cet endroit, un certain *flou* dans la pensée.

Le même flottement se retrouve avec le mouvement « MeToo ». En s'exclamant « moi aussi », ses promoteurs et celles et ceux qui les ont rejoints ne s'expriment qu'à la première personne. Ils s'agrègent comme autant de bulles (de « monades », dirait Leibniz), sans qu'il ne leur vienne à l'esprit de dire « nous ». Car ce passage au collectif supposerait de s'allier avec d'*autres* que soi, au lieu de se contenter de juxtaposer des solitudes. Voilà qui, cependant, n'a rien de rédhibitoire pour s'engager dans la discussion, à condition de le garder à l'esprit et de s'armer de détermination pour s'engager patiemment dans le rapport à l'altérité.

Comment nous préciser les idées et dissiper le flottement sur ce point ? Peut-être en acceptant que les choses soient plus compliquées. Car il y a, en fait, plusieurs altérités : celle d'autrui, bien sûr, mais celles aussi qui traversent l'identité elle-même. Chacun d'entre nous n'est pas fait d'un seul bloc. N'ai-je pas un corps, que je n'ai pas choisi et qui n'obéit pas toujours à ma volonté ? N'y a-t-il pas aussi la voix de ma conscience, qui s'adresse à moi du fond de mon intériorité ? Or il semble que ces deux formes d'altérité soient aujourd'hui largement déniées. C'est le cas avec le corps, que l'on sculpte en se musclant, que l'on transforme par chirurgie esthétique, que l'on façonne à sa main à grand renfort de tatouages et autres piercings. C'est aussi celui de la conscience morale, colonisée par le calcul utilitariste, qui étouffe nos conflits intérieurs sous la dimension uniforme de l'intérêt.

On pourrait dire, au contraire, que, par le jeu de la conscience morale véritable, il est possible de se considérer « soi-même comme un autre » (selon le mot de Ricœur), pour peu que l'on adopte une distance critique suffisante. Sous cet angle, l'activité de pensée apparaît clairement, non pas comme un monologue, mais bien comme un dialogue. On le sait au moins depuis Platon, qui a choisi la forme dialoguée pour philosopher. Raisonner passe par l'objection et la capacité de se décentrer, pour prendre en compte le point de vue de l'adversaire. Si l'on est toujours d'accord avec soi-même, c'est que l'on ne pense plus, préférant laisser défiler en soi-même les enchaînements d'une mécanique routinière ! Réciproquement, se considérer soi-même comme un autre invite à considérer l'autre comme un autre soi-même. Le point de vue de l'interlocuteur m'apparaît alors aussi important et crédible que le mien. Ainsi posée, la problématique fait apparaître que, de part et d'autre, soi-même et autrui combinent chacun de l'identité et de l'altérité.

En outre, il semble que le sentiment profond que l'on peut avoir d'être soi, vraiment soi, à sa juste place, ne résulte pas de la précision d'un acte qui ferait mouche comme une flèche. Car nous ne parvenons à situer le cœur de la cible que par des tâtonnements au travers desquels nous nous *essayons*. Chaque tentative donne lieu à une réponse qui nous guide dans un effort pour mieux s'accueillir soi-même, se reconnaître, se *recevoir*. Cette expérience s'oppose à l'injonction permanente que notre époque adresse à chacun de se *vouloir*, en étant actif, conquérant, entreprenant. Cet impératif est tyrannique au point d'en occulter le fait que toute *activité* implique une dimension de *passivité*. Toute volonté s'exerce en effet en mobilisant une part d'involontaire qui ne se commande pas : espérer pour entreprendre, croire pour s'engager, se souvenir pour continuer, ou encore imaginer pour agir. Il est à supposer que le déni de l'altérité constitutive de notre identité (l'autre en nous) tend à se traduire dans la tendance au rejet de l'altérité des autres que nous. Nous y reviendrons par la suite à propos du conflit.

*Avant la discussion : la conversation*

Si votre résolution est prise de consacrer à une vraie discussion le temps qu'elle mérite et d'affronter les difficultés du rapport à l'autre, il est encore un écueil auquel veiller : ne pas aller trop vite en besogne en abordant frontalement le sujet. Car discuter est un travail – sur soi, sur l'autre, sur l'enjeu, sur la relation – qui demande, avant toute chose, de prendre soin de la relation elle-même. C'est ici qu'entre en scène une nuance importante, celle qui distingue la discussion et la conversation, cette dernière n'étant en rien un travail. Précisons-le d'un mot avant d'y revenir par la suite : d'un point de vue philosophique, il est possible de placer la *conversation* dans le registre de la visée de la vie bonne, caractéristique l'éthique, la *discussion* dans celui de la morale kantienne, soucieuse d'une juste application des règles, et la *négociation* dans l'orbite de la tradition utilitariste, qui cherche à maximiser un avantage.

La conversation est un échange de paroles qui n'a d'autre finalité que lui-même : celui d'une parole qui désire parler, d'un échange qui désire échanger. La pire menace sur la conversation est donc le souci d'efficacité qui proscrirait le bavardage. On peut même voir dans la conversation « une forme de résistance aux impératifs de rendement, de vitesse de nos sociétés », comme le fait le sociologue David Le Breton.

Converser suppose évidemment d'y être disposé de part et d'autre. Cela demande en outre de réunir divers éléments permettant qu'il y ait du commun entre les interlocuteurs : un langage fournissant un code minimal pour se comprendre (pour que la conversation ne bute pas sur chaque phrase) et un contexte dans lequel puiser les sujets d'intérêt partagé qui seront évoqués (sinon on n'aura « rien à se dire »).

Mais la conversation est un exercice si subtil et délicat qu'elle ne saurait se suffire, tel un ordinateur, d'une simple connexion nerveuse pour s'amorcer. Il y faut encore une *installation* : une table à laquelle s'asseoir, un chemin sur lequel déambuler, la terrasse d'un café où se délasser… Enfin, il reste à trouver la bonne *distance* : un espace qui sépare et qui rapproche les interlocuteurs, pour qu'ils soient à la fois distincts et bien agencés. Parfois, toutes les conditions ne sont pas réunies. On s'ajuste alors aux éléments disponibles : une gestuelle plus théâtrale quand on ne parle pas la même langue, un effort de clarté quand le sujet est difficile, un surcroît de concentration quand l'installation est instable…

La conversation peut alors commencer, en mobilisant la dimension sensible par laquelle elle s'apparente à une improvisation musicale. Cela consiste à interpréter – dans les deux sens du mot : celui du comédien et celui du lecteur – les gestes, postures, allures, intonations, chacun à son pupitre, dans une alternance de capacité, tantôt à tenir parole avec consistance, tantôt à faire place à l'autre par un silence accueillant. La consistance implique le courage minimal d'assumer un point de vue. Mais, aussi bien, il n'est rien de plus ennuyeux qu'un échange dans lequel tout le monde est d'accord.

Savoir se taire demande une élémentaire modestie. Elle consiste à ne pas tirer la couverture à soi en imposant un sujet qui empêche l'autre de jouer : il faut renvoyer la balle au centre. Mais sans la reprendre trop vite, car la conversation accepte de flâner. Elle accueille les digressions. Elle pratique le « décousu » et le « fragment », pour parler comme Ali Benmakhlouf.

À certains moments, elle s'interrompt, et c'est le plus sûr indice qu'elle se porte bien. Car, foncièrement, elle est une manière de passer du temps ensemble et de passer le temps. Elle relève de l'art de vivre. Converser, c'est convier l'autre à une table où l'on se nourrit de paroles échangées en s'approuvant mutuellement d'exister. Il serait gravement inconvenant de prétendre avoir vaincu et particulièrement déplacé de prétendre conclure une conversation. Car il n'y a rien à hiérarchiser. Comme dans la vie, tout y est important. C'est peut-être le critère qui permet le plus nettement de la distinguer de la discussion.

La conversation n'a pas nécessairement à être longue. Mais, par-dessus tout, elle ne doit pas être surjouée. Il suffit que les langues se délient et que s'installe un climat de réciprocité. La discussion peut alors commencer.

*Habermas et l'éthique de la discussion*

L'éthique de la discussion a été théorisée par le philosophe allemand Jürgen Habermas, qui lui a consacré la majeure partie de ses travaux. Son oeuvre entreprend de reconstruire et de réhabiliter la raison, accusée par Horkheimer et Adorno de s'être pervertie, au XX^e^ siècle, en une manipulation de la nature et des hommes, jusque dans l'horreur totalitaire. Pour Habermas, il s'agit de penser les conditions d'un espoir raisonnable en la raison, en affranchissant celle-ci de la propension à tout instrumentaliser. En se faisant « communicationnelle » (et non plus « stratégique »), la raison s'attache à ménager les conditions de la liberté dans l'échange. Elle permet alors de formuler des motifs d'action qui ne reposent pas sur une logique transformant tout en outils au service d'un résultat. L'éthique de la discussion aide ainsi à reconstruire la raison pratique autour des exigences de la communication, en l'émancipant de la rationalité technique. Le souci est ici de dépasser ce qui est simplement *rationnel* pour faire prévaloir ce qui semble *raisonnable*. Entre les deux termes se glisse la différence entre ce qui est factuellement possible et ce qui est humainement souhaitable.

L'intuition initiale de Habermas est qu'adresser la parole à quelqu'un crée un rapport *commun* à la vérité. Car c'est *reconnaître* cet interlocuteur comme un membre de la communauté des hommes libres, à venir. Au cœur de l'usage de la langue se trouve ainsi l'idée d'*intercompréhension* : il nous est possible de nous comprendre les uns les autres, même si c'est à certaines conditions. L'intercompréhension s'oppose à la propension à rechercher le succès, l'efficacité, la performance, qui visent un contrôle instrumental du monde et une manipulation stratégique des hommes. C'est poser une limite à la tentation de traiter autrui comme une chose ; et c'est une invitation à miser, au contraire, sur son approbation, son consentement. Par ailleurs, le fait d'argumenter rationnellement sa position est par lui-même un facteur de consensus potentiel avec l'interlocuteur.

Encore convient-il de mettre au jour les règles sous-jacentes à cette compétence communicationnelle. C'est pourquoi Habermas s'attache à formuler ce qui, selon lui, est présupposé dans la pratique de la discussion. Tout acte de langage, estime-t-il, comporte une *prétention à la validité* qui prédispose à s'engager sur le terrain de la discussion et de la critique, à l'horizon duquel se profile la possibilité de l'entente. Cette prétention est de trois sortes : prétention à la vérité, dans le domaine du savoir ; prétention à la justesse dans le registre normatif (celui de l'éthique et du politique) ; prétention à l'authenticité, pour ce qui relève des sentiments et du sensible.

En pratique, cependant, il est vrai que nombre de nos choix ne sont pas débattus et que nous nous en accommodons fort bien. Si l'on me demande poliment « Pourrais-tu me chercher un café au distributeur ? », il y a des chances que j'accepte sans discuter. En revanche, il est des situations dans lesquelles il est nécessaire d'expliquer ses raisons, notamment quand l'intention d'agir rencontre une opposition. Dans ce cas, l'éthique de la discussion entend fournir des règles formelles qu'une proposition doit respecter pour apparaître légitime aux yeux de tous. L'application de ces règles peut aider à éviter les mauvais consensus, ceux qui sanctionnent un consensus superficiel concédé par routine, lassitude ou peur du conflit.

L'idée centrale est que l'épreuve de validation des normes en présence est la discussion. Elle seule permet de dépasser l'accord simplement « factuel » (c'est-à-dire non débattu, conformiste) au profit d'un accord « argumenté ». Cela suppose de dépasser la paresse complaisante du « c'est mon choix » et de justifier sa position en des termes que l'interlocuteur puisse entendre. Le critère, à cet égard, est celui du « meilleur argument », caractérisé par l'acceptabilité, librement appréciée, de ses résultats aux yeux de *toutes* les personnes qu'elle peut intéresser. L'acceptabilité se situe ainsi à égale distance de l'objectivité de critères logiques et de la subjectivité de la volonté individuelle.

L'éthique de la discussion de Habermas s'attache minutieusement à définir les conditions procédurales d'une communication satisfaisante. Cette dernière se définit sans références extérieures aux personnes concernées et à partir d'une situation de discussion dans laquelle aucun participant n'a le monopole de la vérité ou de la critique. N'est tenu pour légitime, dans ce cadre, que ce qui peut recevoir l'assentiment de tous, sous des conditions idéales de communication. Les conditions qui en découlent ont pour préoccupation d'être mises en œuvre en pratique, ce qui entraîne une certaine minutie. Aussi, prévenons le lecteur à qui le développement qui débute ici pourrait sembler par trop détaillé et fastidieux qu'il peut se reporter directement au paragraphe suivant, sur « le préalable de la reconnaissance ».

La première condition qu'une communication idéale doit remplir repose sur la distinction entre agir « stratégique » et agir « communicationnel ». Est dite stratégique la posture qui ne met pas en débat le point de vue qui est le sien, mais qui recherche, en actes et en paroles, à le faire prévaloir par la ruse, par la force ou par le conflit. C'est le cas, par exemple, de l'argument d'autorité : « J'ai raison parce que je suis le chef, et si vous n'êtes pas d'accord, vous serez sanctionné. » Ou, plus simplement, la posture de celui qui, l'œil matois, laisse venir sans rien dire. L'agir communicationnel accepte, au contraire, de mettre sa vision, considérée comme incomplète ou provisoire, en discussion par confrontation d'*arguments*. Cela suppose que son auteur accepte de se laisser *transformer* lui-même par le débat.

Différentes règles permettent de spécifier la recherche du meilleur argument. L'une consiste en l'obligation de *cohérence* entre un énoncé et son contexte d'énonciation. Elle empêche d'affirmer, par exemple, qu'il fait beau alors qu'il pleut. De même est écartée la « *contradiction performative* », qui est l'impossibilité de concilier le sens d'une proposition et le contexte de son énonciation. Dire, par exemple, « je doute de tout » est contradictoire dans les termes, car cela conduit à douter de cet énoncé et, comme dans *Mission impossible*, l'idée s'autodétruit. Dans ce cas comme dans le précédent, il s'agit pour Habermas de souligner l'enjeu *pratique* qu'est le débat autour de propositions destinées à s'appliquer dans le monde de l'action, et non en théorie. Nous verrons cependant par la suite que cela ne suffit peut-être pas.

Les règles d'intersubjectivité dans l'exercice du langage sont donc de deux ordres. Les unes concernent la communication. Elles visent en particulier à ce que le locuteur s'engage personnellement dans le débat, tout en ouvrant son point de vue à l'espace de la discussion. Pour remplir son office et permettre d'aboutir à une entente librement consentie, l'éthique de la communication suppose que chaque participant ait le courage et l'intégrité d'être dans ce qu'il dit, tout en s'exposant effectivement au risque de l'objection et à l'éventualité de changer d'avis. Il en va de son rapport à la parole et à la vérité.

Un second type de règles porte sur la discussion elle-même et la recherche d'une entente. Chacun doit disposer d'un droit égal à prendre la parole et donner suite aux demandes qui lui sont adressées de formuler ses raisons en apportant, si possible, son meilleur argument. Il est invité à écouter avec un préjugé favorable les arguments de ses interlocuteurs et à argumenter sa position dans la perspective de l'entente.

Inversement, la violence est exclue de la discussion et, à ce titre, tout ce qui relève de l'abus d'autorité. Ce peut être le fait d'une posture qui tente de s'extraire de la *symétrie*, c'est-à-dire de l'égalité entre interlocuteurs. Il peut s'agir aussi de toute pression exercée sur nos pratiques sociales qui interdirait de procéder en commun à sa problématisation. Sont ainsi exclus les accords extorqués, ou issus d'intérêts coalisés. De même sont écartées les positions dogmatiques, qui se prétendent incontestables et, à ce titre, non discutables. Il en va donc de la confiance que l'on place dans les vertus de la discussion et dans leur capacité à parvenir à une forme de validité supérieure au moyen de l'argumentation.

Cela suppose, en particulier, de surmonter la conviction selon laquelle, par exemple, « des goûts et des couleurs, on ne discute pas » (conformément à l'adage latin : « *de gustibus coloribusque, non disputandum* »). L'enjeu est moins ténu qu'il n'y paraît, si l'on songe aux questions que soulève aujourd'hui le principe de laïcité, notamment dans le monde du travail. Certains points de vue, en effet, peuvent conduire à se refuser à mettre leur propre position en débat, au motif qu'elles relèvent d'un sacré qui ne se discute pas. En ce sens, Habermas oppose l'argumentation (à discuter) à la convention (indiscutable). Cela revient à admettre que certaines positions puissent se mettre d'elles-mêmes hors du champ de la discussion. Pour y remédier, Ricœur propose de distinguer plutôt entre argumentation et conviction, cette dernière étant argumentable, ce qui n'est pas le cas de la convention. Cela permet de réintégrer dans le débat les objections se réclamant d'un particularisme culturel.

À l'exigence de symétrie s'ajoutent la *sincérité* des partenaires (sans laquelle leur accord serait nul) et leur *liberté* d'adhésion (sans quoi toutes les autres conditions seraient vaines), pour constituer une « *éthicité* » de la discussion. La visée de justesse de l'entente requiert donc d'en discuter dans des conditions qui soient elles-mêmes justes. Cela inclut le fait que chaque participant accepte les conséquences de la décision prise, dès lors que les buts bien argumentés de chacun sont satisfaits.

Au total, la discussion apparaît comme un processus d'adaptation des normes d'action en présence, au regard de l'acceptabilité de ses conséquences, aux yeux des intéressés. Si l'on y ajoute le principe de publicité des débats, le consensus obtenu se donne de meilleures chances de durer, du fait que les décisions et les arguments engagent dans le temps.

Pour autant, l'éthique de la discussion ne s'en trouve pas moins aux prises avec les réalités sociales. Le bel édifice que constitue cet ensemble de conditions reste tributaire de la *bonne volonté* des participants d'y souscrire. Or, qu'est-ce qui permet, par exemple, de clore et de conclure la discussion, en estimant qu'elle a effectivement permis d'aboutir à l'universelle validité d'une norme d'action ? N'y a-t-il pas, de fait, certaines asymétries qui imputent à tel ou tel – experts, personnalités reconnues, etc. – une compétence supérieure à celle des autres participants ? En réponse à ces deux questions, Habermas ne propose pas d'autres critères que celui de la discussion elle-même, qu'il considère comme une performance autocorrectrice. En ce sens, il définit un principe d'*espérance* éthique, non une fondation rationnelle de l'éthique.

*Le préalable de la reconnaissance*

L'éthique de la discussion élaborée par Habermas fournit un modèle fort utile. Positivement, tout d'abord, il peut être pratiqué au sein d'un groupe qui en accepterait les règles. Négativement, ensuite, il arme la critique à l'égard de ceux qui se refuseraient de faire leurs ses règles. En effet, au nom de quoi se justifieraient-ils, si ce n'est par la volonté de ne pas débattre en contexte de symétrie entre participants ? Il est alors facile de dénoncer l'arbitraire d'un tel choix qui, bien souvent, s'abrite derrière des motifs – ou des intérêts – d'ordre technocratique.

Néanmoins, on peut signaler plusieurs objections qui viennent limiter la portée de l'approche habermassienne. Pour l'essentiel, elles concernent son abstraction, ce qui n'étonnera pas. On peut faire valoir, tout d'abord, que l'enjeu concret de la discussion n'est pas pris en compte, puisque ne sont envisagées que des règles de communication et de discussion. Or, un certain degré d'*engagement* des interlocuteurs est pourtant nécessaire. Car, s'il n'est pas suffisant, le danger est le *mépris* du débat, et par conséquent celui de ses règles, une discussion sans enjeu risquant d'être menée avec désinvolture. Tandis que sa *gravité*, au contraire, peut constituer une aide pour le conduire avec sérieux.

Il convient de s'interroger, ensuite, sur ce qui peut déclencher le débat. Il se pourrait que ne s'engagent dans la discussion que les acteurs qui se sentent capables d'argumenter selon des règles, tandis que d'autres s'y refusent, parce que la question se pose à eux avec une acuité trop grande, qui les submerge. Dans ce cas, il est à craindre que la délibération ne se contente d'entériner le statu quo entre ceux qui s'en accommodent le mieux et qu'elle engage le moins.

Le « consensus », au sens que lui donne Régis Debray dans son *Cours de médiologie générale*, désigne ainsi le faux sentiment d'harmonie qui règne au sein d'une société qui se dit réconciliée sous prétexte qu'un débat a eu lieu, mais en s'aveuglant sur tous ceux qui n'y ont pas pris part. C'est d'autant plus fréquent que la compétence à défendre une position argumentée est fort inégalement répartie, singulièrement dans le monde professionnel, de même que la simple occasion de s'exprimer. Que penser d'une organisation dans laquelle l'essentiel se décide en comité de direction et dans des comités de projet dont vous ne faites pas partie ?

Une troisième objection consiste à remarquer que les opinions en présence ne sont pas nées d'hier, mais s'enracinent dans des traditions. La discussion d'un comité d'éthique sur une situation de fin de vie, par exemple, mobilise des questions débattues depuis la nuit des temps, telles que l'euthanasie, l'autonomie, ou la dignité de la personne. Par conséquent, l'argumentation ne suffit pas. Un travail d'*interprétation* s'impose, pour dégager le sens actuel des héritages auxquels les protagonistes se réfèrent, comme Ricœur, notamment, y invite. Dans le droit fil de cette idée, ajoutons que certains points de vue s'accompagnent d'une intensité affective particulière, qui renvoie à un attachement profond à des valeurs. Ils seront peut-être ébranlés par une argumentation, mais sans pour autant se résoudre à y renoncer. Car ils ne sauraient se réduire au registre cognitif. De plus, ils ne constituent pas des énoncés isolés, mais des groupes de jugements, des convictions solidaires les unes des autres, en grappes. C'est qu'ils s'enracinent dans un héritage, un parcours, une histoire. Les écarter serait synonyme de renoncer à une forme de vie. Ils ne peuvent donc évoluer qu'en racontant ces convictions *sous forme de récit*, afin de tenter d'articuler différemment cette tradition à laquelle ils s'identifient.

On peut donc estimer que l'éthique de la discussion telle que Habermas la conçoit reste tributaire d'une approche trop strictement cognitiviste, voire cérébrale, dépourvue de toute dimension physique, esthétique ou émotionnelle. Il semble que ce grief soit celui qui inspire Axel Honneth, son élève, lequel opte pour fonder le lien social, non plus sur l'intercompréhension, mais sur des rapports de *reconnaissance*. Dans *La Lutte pour la reconnaissance*, il écrit en ce sens : « Le lien entre l'expérience de la reconnaissance et l'attitude du sujet envers lui-même résulte de la structure intersubjective de l'identité personnelle : les individus ne se constituent en personnes que lorsqu'ils apprennent à s'envisager eux-mêmes, à partir du point de vue d'un « autrui » approbateur ou encourageant, comme des êtres dotés de qualités et de capacités positives (...). L'expérience de l'amour donne ainsi accès à la confiance en soi, l'expérience de la reconnaissance juridique au respect de soi et l'expérience de la solidarité, enfin, à l'estime de soi. »

Cette analyse conduit Honneth à déplacer la problématique de la manipulation stratégique, à laquelle Habermas entend répliquer avec la thématique de l'intercompréhension, pour la reformuler dans les termes d'un déni de reconnaissance qu'il nomme, après Lukács, « réification ». Ainsi, la discussion semblerait pouvoir être menée avec succès à condition, non seulement d'être conduite selon les règles de l'éthique habermassienne, mais de s'insérer dans un contexte qui permette la reconnaissance mutuelle entre interlocuteurs. Cet enseignement ne serait pas pour surprendre, car il participe de l'idée selon laquelle les dispositifs les mieux conçus ne portent effectivement leurs fruits que dans la mesure où ils s'inscrivent en harmonie avec l'*état d'esprit* qui prévaut, en pratique, dans les relations et l'activité au quotidien. Incidemment, il rappelle l'importance de la conversation comme indispensable préalable à la discussion, en tant que moment d'actualisation de la reconnaissance mutuelle entre interlocuteurs.

Mais il y a plus. L'un des apports de la psychologie sociale est de rappeler que l'échange d'arguments ne suffit pas à persuader ni à changer les attitudes et opinions de manière durable. En effet, il faut pour cela une représentation ou une croyance partagée et, plus encore, l'implication dans un but commun, ce qui requiert de toucher à des convictions plus vastes. « De même qu'il vaut mieux avoir une hypothèse pour observer des faits, de même l'on doit partager une ébauche de représentation pour assimiler informations et arguments afin d'aller dans leur sens », comme l'écrivent Serge Moscovici et Willem Doise. Ces derniers observent que, si un groupe en discussion a pour tâche de trouver la meilleure solution qui convienne à tous, chacun de ses membres tend alors à donner davantage de poids, dans ses arguments, à ceux qui correspondent aux valeurs partagées. En surface, on constate alors peu à peu un rapprochement des perspectives, l'élargissement des catégories de pensée et « la saillance d'une dimension commune ». En profondeur, se joue un mouvement subtil, celui de représentations individuelles qui se transforment en une représentation collective. Il en résultera une vision d'ensemble partagée par le groupe comme une norme indiscutable, car il en va de la *raison d'être du groupe*, qui est l'enjeu véritable de la situation.

Cette conclusion nous rappelle que les règles de la discussion prônées par Habermas ne peuvent opérer que si elles s'enracinent dans un *sens partagé*. En termes philosophiques, est ainsi soulignée la limite des approches dites « déontologiques » (centrées sur les règles et les devoirs). Elles ne peuvent véritablement être suivies d'effets que si elles s'articulent à une perspective « téléologique » (centrée sur le but : le *telos*). Car c'est la visée et la dynamique d'un *projet partagé* qui permettent l'appropriation des *règles* nécessaires pour le conduire.

Inversement, la psychologie sociale permet d'alerter sur un risque : celui de décisions conformistes destinées à conforter le groupe dans sa cohésion et ses routines. Si le travail de traitement de l'information, des valeurs et des intérêts est tributaire des liens entre les personnes, cela conduit à souligner l'importance de la *pluralité* des profils réunis au sein d'un collectif en discussion. Elle est en effet le gage d'un élargissement des valeurs qui prévalent en son sein, à la faveur de la diversité des points de vue qu'il rassemble. À défaut, le groupe est porté à s'enclore sur lui-même et à s'enliser dans le train-train. C'est le travers bien connu de l'entre-soi.

### *Éthique de la discussion et principe hiérarchique*

Reste une question d'ordre pratique qui ne manque pas de se poser à qui occupe une position de responsabilité en management. L'éthique de la discussion telle que la définit Habermas est-elle compatible avec le principe hiérarchique ? La fameuse symétrie qu'elle implique n'entre-t-elle pas en contradiction avec l'asymétrie foncière d'une organisation hiérarchisée ? La réponse doit être nuancée, mais il semble qu'elle puisse être globalement négative.

Interrogeons-nous un instant sur ce qu'implique le fait d'être en situation d'animer une équipe. Cette situation résulte d'une délégation consentie à un niveau supérieur. Un certain nombre de missions vous ont été confiées, sur lesquelles vous avez à rendre compte en retour. Cela ne requiert pas nécessairement que vous accomplissiez en personne l'ensemble des tâches qui en découlent. Pour la plupart de ces dernières, c'est même le contraire. Celles qui ne peuvent être déléguées sont, quant à elles, peu nombreuses : missions qui vous ont été confiées en personne, discipline, évaluation de la performance, engagement des dépenses, tâches liées à des informations confidentielles… Il y en a d'autres, mais on n'y trouvera pas la discussion en tant que processus contribuant à la préparation de la décision.

Car si la décision elle-même ne se délègue pas, l'échange d'arguments qui permet de l'instruire suppose, au contraire, de tirer profit de la diversité des points de vue, en favorisant le plus possible leur libre expression. Par ailleurs, la discussion n'est pas nécessairement le seul élément préparatoire à la décision. Elle peut venir compléter les conclusions d'un rapport, des avis rendus par les partenaires sociaux, une enquête auprès de la clientèle, sans parler d'autres éléments émanant de la direction et qui ne sont pas nécessairement négociables. Le manager n'est donc en rien dessaisi de ses attributions. Mais il peut se sentir déstabilisé, il est vrai, par la perspective de ce moment de libre argumentation au sujet d'une décision à prendre par lui.

Il peut se rassurer, toutefois, en considérant les avantages de la situation. L'*animation* de la discussion se prête sans difficulté à délégation. La seule condition est que la personne délégataire en ait la compétence, ce qu'elle se verra signifier sans doute comme une marque de reconnaissance. Il en sera vraisemblablement de même au sein de l'équipe entière, peut-être étonnée par ce geste égalitaire. Celui-ci sera d'autant plus effectif, et donc crédible, qu'il se prolongera dans le style d'animation lui-même, à travers l'application de principes tels que la symétrie, la sincérité ou la libre adhésion. Un effet libérateur de la parole et des idées est à prévoir. Il sera d'autant plus durable que le style de management le confirmera dans la pratique quotidienne.

Que faire, pourtant, si la discussion prend un tour contraire à l'avis du manager ? Il incombera à ce dernier de tenter de convaincre le groupe, en fournissant son « meilleur argument ». Il n'est pas impossible, du reste, que les échanges aient fait évoluer son avis en révélant des aspects ou des points de vue peu évoqués sur la question. Cela suppose que la liberté d'expression ait été préalablement annoncée, encouragée et protégée. Elle ne se manifestera pas forcément d'un seul coup, mais s'expérimentera peu à peu, à tâtons, au fur et à mesure que la pratique confirmera qu'elle est souhaitée en réunion, mais aussi le reste du temps.

Si le désaccord persiste, il semble néanmoins possible que le manager maintienne son avis contre celui du groupe. Cela suppose qu'il ait clairement annoncé cette possibilité dès le début et qu'il en explique clairement les raisons, tout en rappelant en quoi la discussion n'aura pas été vaine. Le plus important et le plus prometteur pour la suite sera qu'il ait pu faire preuve de sa capacité à susciter l'adhésion sans contraindre, en éveillant en chacun des ressources neuves. Que cela soit en invitant à participer à un projet plus grand que soi ou en suscitant chez l'autre l'émergence de capacités et de ressources qui ne demandent qu'à grandir. Est-ce à dire que l'appel à la discussion aurait été en réalité manipulatoire ? Pas nécessairement. Les arguments échangés n'ont pas permis d'aboutir à un accord. Mais ce relatif échec tient au fait que les protagonistes, s'ils sont égaux autour de la table, n'occupent pas des places identiques dans l'organigramme. Il n'est pas aberrant que leurs points de vue, au sens optique du terme, puissent être différents. « Je ne me sens pas de défendre ta position en comité de direction, même si je la comprends » peut être, pour le manager, une manière de clore provisoirement la discussion. Manière de prendre acte du hiatus qui subsiste entre les valeurs égalitaires de l'éthique de la discussion et la réalité politique du principe hiérarchique. L'idéal serait, certes, qu'ils coïncident. Il est à souhaiter qu'on y tende et que, parfois, l'on y parvienne. Le recouvrement parfait de ces deux registres ne peut être qu'un horizon espéré : celui de la démocratie d'entreprise.

Il n'en reste pas moins que la discussion est un exercice qui, parce qu'il consiste à proposer et non à imposer, s'épanouit dans l'égalité. Un management décentré et soucieux de l'autre, à la recherche de son consentement, s'y épanouit à merveille. Car il ne mise pas sur le pouvoir de contraindre, ni même sur celui de convaincre par la force des arguments, mais sur la pleine reconnaissance de l'interlocuteur dans l'échange. Cela lui vaut parfois de s'attirer en retour la confiance. On parle alors d'un manager qui *fait autorité* aux yeux de son équipe. Il a conquis la légitimité du lien de crédibilité, sur la simple légalité du rapport de subordination. Cela suppose un minimum de disponibilité à l'échange et une réelle considération manifestée à autrui. Il en émane une exemplarité de relation qui n'échappera pas aux tiers qui en sont les témoins. Pour renouer avec le point d'arrivée du chapitre précédent, de tels ingrédients sont ceux d'une communication qui contribue à ce qu'une société *se respecte*.

*En résumé*

• Contrairement aux supports numériques, l'entretien en face à face permet de partager du temps et de raviver le sens de la relation. Les échanges de vues sont plus profonds et plus nuancés : ce n'est pas du temps « perdu ».

• Avant la discussion : la conversation. Non utilitaire, elle relève de l'art de vivre et pas seulement de la politesse. C'est l'entrée en matière idéale à toute discussion et sa joyeuse conclusion quand elle a été un succès.

• La discussion authentique part de la conviction qu'il est possible de se comprendre et de l'espoir que l'on pourra s'accorder. Elle suppose une posture « communicationnelle » qui exclut l'argument d'autorité et la tromperie.

• Discuter, c'est échanger à égalité, dans des conditions qui permettent à l'interlocuteur de répondre librement.

• Au-delà de l'échange d'arguments, la discussion réussie passe par la reconnaissance mutuelle entre interlocuteurs.

• L'animation d'une discussion d'équipe n'est pas le monopole du manager. Elle peut se déléguer sans difficulté, pourvu que l'animateur ait la compétence et la manière.

*Pour aller plus loin*
Voir en fin de volume.

## Chapitre 3

# L'usage de la parole

Les sociétés rurales sont avares de mots. Ce qui est dit est dit. Le silence n'effraie personne et les bavards passeraient plutôt pour des as de l'entourloupe. Dans une économie de services, la parole, au contraire, est de mise à chaque instant. Elle est indispensable pour accompagner et éclairer nos actes. À moins qu'elle ne constitue la matière même de notre action. Omniprésente, elle se répand parfois à tort et à travers, sans relâche, par vaine agitation, par routine. Paroles machinales, sans âme, vides. Y aurait-il un rapport inverse entre l'abondance et la valeur des mots ?

Nous écarterons ici les écrits pour nous en tenir à la communication orale. Parce qu'elle nous est si familière, elle reste inquestionnée, telle une évidence. C'est pourquoi il importe de s'interroger sur ses usages, sur la distribution qui s'opère entre ceux qui ont voix au chapitre et ceux que personne n'écoute, sur les relations entre les uns et les autres comme, plus généralement, sur les ressources du langage, dont nous sommes les insouciants dépositaires. Notre vision du monde et notre action sur le monde passent par lui. Pour partie, l'héritage que nous confions aux générations futures dépend de l'usage que nous en avons et de l'estime qu'il leur inspire.

Relever ce défi est une tâche sous-estimée, un art tout d'exécution aux enjeux considérables. Nos usages de la parole engagent notre rapport à la réalité, nos relations avec nos semblables, nos propres capacités d'action et de réflexion. Sans le langage, ni communication ni pensée. Mais, dès avant la conscience, il y a le cri de l'enfant, qui traverse le silence d'un appel : voix et manière d'engagement dans l'existence auxquelles la parole donnera forme par la suite, permettant une complicité première avec le monde, par le fait de le dire. Nous nous accrochons à cette conviction héroïque que les mots nous sauvent si nous les faisons nôtres. « Le monde créé ne nous est pas étranger tant que nous parlons », écrit Anne Dufourmantelle. Cependant, il y a ceux que la parole effraie, encombre, à qui elle échappe, auxquels elle est interdite. La possibilité, voire la volonté, de tenir au monde par la parole leur est mesurée ou retirée. Comment y remédier ? Souci éthique par excellence. Mais l'acte de parole est aussi politique parce qu'il est investi d'une puissance, dès avant les mots. Pouvoir de détruire un monde ou de le construire ? Aussi bien, le monde actuel pourrait-il anéantir la parole, au lieu de l'aider à advenir ? À moins que nous n'assistions à un affrontement permanent entre la parole vivante et la société établie ?

*La parole et le monde*

C'est évident : la parole exerce une action sur le monde. Son rôle est largement positif en ce que le recours au langage *fait reculer la violence*. Une violence qui parle, « c'est déjà une violence qui cherche à avoir raison », observe Ricœur. La parole se situe, en effet, dans le registre des significations et de la pensée. Avec elle, il ne s'agit pas nécessairement d'être raisonnable, mais il est déjà question de s'expliquer. Les mots le disent d'eux-mêmes : on peut « s'expliquer » par l'usage de la force ; et dans un autre sens, on peut aussi le faire en fournissant des motifs, au moyen du langage. Saisie à sa racine, une violence qui parle est déjà en train de se nier comme violence. Car elle ne s'en prend pas au corps de l'interlocuteur. Le langage est donc un progrès sur la violence physique. D'où l'importance de bénéficier d'un accès minimal au langage, sans quoi les coups vont pleuvoir, faute de pouvoir métaboliser les pulsions dans des mots.

Pour autant, selon l'usage qui en est fait, la violence peut aussi parler. C'est abondamment le cas sur les réseaux sociaux, on l'a dit. Cela n'est pas rare au travail, même si c'est plus risqué et généralement réprouvé, voire réprimé. Cette visée passe donc par des *stratagèmes*. Se pose ici avec force le problème de l'humiliation par les mots, dont la portée hautement toxique reste largement ignorée. Notamment parce qu'elle est souvent habile à avancer masquée derrière de subtils artifices langagiers.

Il n'en demeure pas moins que la parole a pour raison d'être de s'adresser à autrui et d'exercer, par les significations qu'elle énonce, une *influence* sur lui. Si nous nous exprimons, c'est bien pour produire un effet, en extériorisant un énoncé au lieu de le garder pour soi. La parole est donc la combinaison d'un sens qui se propose et d'une violence potentielle qui tend à s'imposer. Comment la domestiquer ? Le problème revêt certains aspects intentionnels, sur lesquels nous reviendrons à propos du conflit et de la recherche du compromis. Il comporte aussi cette autre facette qu'est la violence qui émane de la *manière* de parler, plus ou moins brutale, directe, impulsive, inappropriée… C'est ainsi que certaines demandes (« Va me chercher un café ») heurtent l'interlocuteur sans même le vouloir, et parfois s'attirent un refus de sa part *pour la forme*. Il en est souvent ainsi de ce que le philosophe américain John Austin appelle les énoncés « performatifs ». Avec eux, le langage ne permet pas seulement de décrire la réalité, mais de chercher à accomplir quelque chose. C'est le cas du président d'un conseil d'administration quand il déclare : « La séance est ouverte. » Plus subtilement, il en est de même de quantités de formulations qui imposent sans le dire un parti pris dans lequel le destinataire peut à bon droit ne pas se retrouver et même se sentir enfermé : « je vous rappelle que… » invite l'interlocuteur à un effort de cohérence ; « il est évident que… » annonce un point qui ne souffre pas d'être discuté ; « j'attire votre attention sur… » exprime un jugement de valeur sur l'importance de ce qui va suivre, etc.

Pour éviter d'éventuelles maladresses, il suffit, en pratique, de se demander si l'on apprécierait soi-même de recevoir de tels messages et, en conséquence, de les ajuster au préalable. Cela peut conduire à reformuler ces assertions à la première personne : « Il me semble que… » ; « je crois… » ; « selon moi,… ». On pourrait croire que c'est une façon un peu envahissante de se mettre en avant. En fait, cela spécifie que le propos n'engage que son auteur et allège d'autant la charge pesant sur les épaules de l'interlocuteur. Il est possible aussi de poser un énoncé tout en ouvrant le débat à son sujet. En disant, par exemple : « Certains estiment que… ». Ou encore de s'exprimer au conditionnel : « J'aurais plaisir à ce que… ». Il s'agit alors non d'une affirmation, mais d'une demande, d'une proposition, d'un souhait formulé entre autres possibilités. À partir du moment où le locuteur a le souci de la liberté de son interlocuteur, on s'aperçoit que le langage nous offre un large éventail de choix pour le signifier.

Autre vertu de l'expression au travail : la parole introduit un *sens* dans l'activité ingrate, dans la tâche routinière ou parcellisée. Si peu que ce soit, la parole qui accompagne le geste lui restitue une visée. L'action cesse d'être insignifiante en trouvant une finalité, ne serait-ce qu'entre les interlocuteurs qui viennent de se parler. En effet, la parole enrichit l'activité en la justifiant par autre chose qu'elle-même : un projet, une mission, des bénéficiaires… Elle introduit une prise de recul par rapport à la tâche, qu'elle inscrit dans une perspective qui la dépasse. Une fois énoncé, ce sens qui oriente peut alors être discuté et questionné, ne serait-ce que pour mieux l'orienter ou l'envisager autrement. Ce n'est pas un hasard si le système taylorien proscrit la parole, au motif qu'elle ne serait que « bavardage ». Car elle introduit dans la simple interaction mécanique une aspiration à la liberté qui lui restitue une dimension humaine.

Cela étant, la problématique du bon usage de la parole au travail confronte plutôt, de nos jours, à l'excès contraire : celui d'une parole envahissante, orchestrée et instrumentalisée par des « éléments de langage », relayés au moyen de « kits » de communication préformatés. Tels sont les nouveaux habits que revêt aujourd'hui l'antique rhétorique, art de l'éloquence qui s'attache, pour le meilleur et pour le pire, à conquérir l'approbation de l'interlocuteur. Par nature, il s'agit d'un *fragile* usage du langage, qui cherche à se frayer une voie incertaine entre argumentation et séduction, entre raison et mensonge. À l'extrême, la rhétorique évolue à mi-chemin de la démonstration scientifique et de l'argument franchement fallacieux. Dans ce dernier cas, non sans cynisme, elle s'attache à extorquer la croyance de l'auditoire par un mélange de fausses promesses et de vraies menaces.

Pour autant, il n'existe pas de science de la pratique. Sans quoi nous serions entièrement prévisibles. Il n'y a donc pas lieu de se réclamer de vérités certaines, ou de s'offusquer de ne pouvoir le faire, mais plutôt d'assumer sans honte le registre du « probable » qui est celui des choses humaines, comme le disait déjà Aristote. Entre la prétention de prouver et la tentation de séduire, la « bonne » rhétorique peut s'attacher au *vraisemblable*, au plausible, en recherchant à être crédible, sans céder toutefois à l'arbitraire d'un caprice. Elle ne peut, dès lors, que s'inscrire en faux contre les discours et les argumentaires s'autorisant des vérités d'« expertise », qui sont aujourd'hui comme l'autre visage du mensonge. Car ils occultent des choix globaux sur lesquels la science n'en sait pas plus que n'importe qui. C'est le cas, par exemple, de tout arbitrage entre des biens hétérogènes telles que la qualité, la sécurité, la productivité, la rentabilité, la justice… Pour les hiérarchiser, il n'est possible que d'en discuter. À la fois pour actualiser le sens précis des mots et pour mettre au jour les valeurs qui leur sont sous-jacentes, enfin pour les soupeser et les pondérer entre elles, ce que ne permet aucune formule magique. Il n'est pas inutile de le rappeler, tandis que fait florès aujourd'hui la double tentation, tantôt d'énoncer à tout propos des vérités prétendument scientifiques, tantôt d'affirmer n'importe quoi. C'est même capital, car ces tentatives opposées ont toutes deux pour effet d'anéantir le débat. Soit en avançant au nom du vrai des affirmations qu'il n'y aurait pas lieu de discuter, soit en écartant par caprice la préoccupation même d'argumenter.

Cette double dérive est liée au langage. En effet, ce dernier institue un *monde*, dans lequel il est tentant de s'enfermer, parce qu'il est confortable. Plus qu'un instrument d'expression et de communication, le langage est constitutif d'un *milieu* humain, qui n'est pas un simple environnement. Il s'agit d'un lieu *sensé*, que l'on reconnaît comme *sien* et qu'il permet d'habiter intimement. Il est vécu comme tel dans l'intersubjectivité, au sein de la communauté linguistique qui se forme autour d'une langue donnée, mais aussi dans l'intériorité. Nous pouvons habiter ce monde comme *le nôtre* : c'est à ce point évident que nous sommes prompts à l'oublier. Mais il suffit de se déplacer dans un pays où notre langue maternelle n'est pas pratiquée pour éprouver que l'on n'est pas seulement dépaysé géographiquement, mais étranger linguistiquement.

Comme l'explique Barbara Cassin dans son *Éloge de la traduction* : « La première condition pour savoir qu'on "a" une langue est d'en entendre au moins deux. » C'est ce que l'on vérifie alors en situation, par défaut, à travers le sentiment d'avoir perdu l'immédiateté et la complicité qui nous lient habituellement à nos semblables. Cette autre langue que nous entendons sans bien la comprendre nous renvoie à notre ancrage dans celle qui nous est familière. Même une connaissance approfondie d'une langue étrangère ne permet pas toujours de nous exprimer par ce moyen avec la même subtilité que dans notre langue principale. De fait, comme Barbara Cassin le souligne en tant que traductrice du grec ancien, il existe des *intraduisibles* d'une langue à une autre. Elle désigne par là ces équivoques que sont les homonymies sémantiques ou syntaxiques, à l'origine de confusions et d'« auras » de sens. Elle considère ces assonances qui jettent le trouble d'un surcroît de signification comme « les empreintes digitales des langues ». Or la dimension sonore du discours (« un grand saut pour les sots ») ne passe pas la barrière de la traduction. Il n'est pas nécessaire d'en rechercher des illustrations dans la poésie la plus ésotérique. On en trouve de multiples exemples dans l'existence ordinaire : slogans publicitaires, formules journalistiques, « petites phrases » des hommes politiques, proverbes, mots d'esprit et autres blagues jouent presque systématiquement de tels effets, si difficiles à traduire. On perçoit de ce fait même à quel point, en bons praticiens de la rhétorique, nous misons spontanément sur eux pour nous faire mieux entendre de nos interlocuteurs, en raison du *charme* qui en émane. Car ils flattent à la fois le plaisir de la langue et le sentiment de connivence qui rassemble les locuteurs qui la pratiquent et la partagent. C'est pourquoi le confort que procure l'appartenance à une communauté linguistique est à la fois ce qui rapproche les membres de celle-ci et ce qui les incite à exclure les « barbares », c'est-à-dire tous ceux qui ne parlent pas la même langue. Rappelons que le mot « barbare », qui vient de « berbère », entend désigner par cette onomatopée la confusion propre à une langue que l'on ne comprend pas. Dans cette logique, être homme, c'est parler comme moi. C'est donc tout ou rien : soit ma langue, soit la confusion langagière et mentale. Nulle place pour l'entre-deux de la traduction. S'ouvre alors une lutte frontale : ma parole contre la vôtre.

Il faut évidemment critiquer de tels simplismes, notamment en faisant valoir qu'une langue étrangère peut s'apprendre, mais sans prétendre dépasser trop aisément cet antagonisme. Ce serait, en effet, mésestimer l'importance de la langue dans la manière de penser. Avec Ferdinand de Saussure, fondateur de la linguistique structurale, le langage s'analyse comme un système de signes, les *monèmes*, qui associent un contenu sensible, une marque, une trace écrite ou sonore, appelés signifiants, à une signification : un signifié. Le mot stylo désigne l'objet stylo. Les *phonèmes* sont l'aspect matériel du signifiant : des sons fondamentaux dépourvus de signification en eux-mêmes : « sti » et « lo ». Leurs propriétés signifiantes tiennent à la place qu'ils occupent dans la chaîne signifiante de l'énoncé, par rapport aux autres phonèmes.

À quoi s'ajoutent des règles syntaxiques qui régissent l'ordre dans lequel ranger les phonèmes. Par exemple : « Il cherche son stylo » en français et « son stylo cherche il » en allemand. Monèmes et phonèmes ne prennent sens que par des oppositions résultant de leurs différences. L'un dans l'autre, un système linguistique est une série de différences de *sons* combinée avec une série de différences d'*idées*, c'est-à-dire de « découpures » opérées dans la masse de la pensée. Arbitraire et conventionnel, le signe linguistique participe d'un système de *catégorisation* qui structure à la fois la pensée et la réalité que le langage désigne.

Comment est-ce possible ? Émile Benveniste prolonge ces analyses en expliquant que l'homme se distingue de l'animal par sa faculté de représentation symbolique, dont le langage est, par excellence, l'expression. L'animal déclenche une réaction par la fonction sensori-motrice d'un signal (le lion rugit, l'oiseau pépie…). L'humain mobilise la fonction représentative, fondatrice de la pensée, de la communication et de la société. Le moyen en est le langage, qui établit une passerelle, une médiation, entre un système de signifiants sensibles et un système de signifiés intelligibles. Ce moyen est culturel en ce sens qu'il est appris. Il nous permet d'exercer une intentionnalité signifiante, c'est-à-dire de désigner, désirer, nous projeter, dire, nommer. Au-delà, il fait médiation entre les membres d'une communauté linguistique partageant la même langue.

Pour Benveniste, la faculté de symboliser introduit une rupture avec l'expérience immédiate, par un intermédiaire symbolique entre soi et soi, comme entre soi et les autres, soi et le monde. Cette médiation induit une rupture donnant accès à l'existence *consciente*, qui est le mode d'être spécifiquement humain. C'est elle qui peut désamorcer le passage à l'acte violent.

Ainsi, avant même qu'il soit question d'histoire, de vie politique, d'institution et de productions culturelles, la langue est ce qui structure à la fois une communauté et un mode de pensée. Pour Ferdinand de Saussure, la parole est l'acte qui engendre, à partir d'une liste de phonèmes limités, une infinité de monèmes distinctifs. Ce faisant, elle permet l'expression du sens, qui est *la pensée même*. Comme le souligne, pour sa part, le philosophe Ludwig Wittgenstein, il n'y a pas d'un côté un acte verbal (dire) et de l'autre un acte intellectuel (comprendre, penser). Il n'y a pas, à côté de l'expression linguistique, des « significations » qui se présenteraient en supplément devant notre esprit. C'est le langage lui-même qui est le véhicule de la pensée.

Il en découle que toute langue, en tant que système de catégorisation spécifique, découpe la réalité de manière spécifique. Elle offre accès à la réalité par un discours et une pensée que l'on pourrait qualifier de « réglementés ». Par conséquent, chaque langue est une vision du monde, de même que, plus largement, chaque culture. Elle ne permet pas de tout dire ; elle désigne la réalité d'une certaine manière et sous un certain angle. Sa vision du monde est donc singulière, particulière. Il en résulte que l'humanité vit sous le signe de la diversité, de la pluralité, de la multiplicité des langues et des cultures, et que nul ne dispose d'un point de vue de surplomb sur le monde.

Ce rôle exercé par le langage a exercé une sorte de fascination sur la pensée structuraliste, qui semble y avoir vu un conditionnement indépassable des comportements humains. Or, si tel était le cas, nous ne parlerions pas : nous serions *parlés* par notre langue, tels des pantins actionnés par une machinerie. Dans ces conditions, l'usage de la parole serait entièrement programmé et il n'y aurait pas de place pour le questionnement éthique en ce domaine, puisque nous ne serions pas libres, nous ne serions confrontés à aucun choix. C'est pourquoi Jean-Paul Sartre critique Jacques Lacan et certains linguistes. Pour eux, l'essentiel est la structure, dans laquelle le sujet humain serait pris et qui le constituerait. « Pour moi, écrit Sartre, la pensée ne se confond pas avec le langage. Il fut un temps où l'on définissait la pensée indépendamment du langage comme quelque chose d'insaisissable, d'ineffable qui préexistait à l'expression. Aujourd'hui, on tombe dans l'erreur inverse. On voudrait nous faire croire que la pensée, c'est seulement le langage, comme si le langage lui-même n'était pas parlé. » Aussi distingue-t-il, d'une part, le langage comme « système autonome » et, d'autre part, la langue parlée, cette matière « ouvrée par l'homme, portant trace de l'homme ». Cette approche peut être mise en parallèle avec celle de Paul Ricœur au sujet de Claude Lévi-Strauss. Ce dernier assimile, en effet, des structures telles que la prohibition de l'inceste à une structure linguistique, sorte de syntaxe régissant les échanges sociaux. Dans un dialogue publié par la revue *Esprit* en 1963, Ricœur invite cependant son interlocuteur à s'intéresser, non seulement à la syntaxe, mais aussi à la sémantique, c'est-à-dire, non seulement à la *manière* dont les choses se disent, mais aussi au *sens* de ce qui se dit. Ce serait faire droit, en effet, à un sujet parlant intentionnellement, sans le réduire à un être dont le discours ne manifeste rien d'autre que l'existence de structures linguistiques.

Au reste, il nous est possible de constater empiriquement que la pratique du langage n'est pas réductible au seul respect d'une syntaxe. Au fur et à mesure que nous apprenons à parler, il devient patent, en effet, que nous développons une expression qui, loin de devenir de plus en plus conventionnelle à mesure que nous la maîtrisons, apparaît au contraire sans cesse plus personnelle, plus singulière. Loin de s'effacer derrière la structure, notre usage de la parole nous permet d'affirmer notre marque la plus propre. Cela commence avec les « mots d'enfant », que l'on aurait bien tort de réduire à de simples maladresses, car ils révèlent aussi une subjectivité. Cela s'épanouit ensuite dans un style inimitable qui s'affirme peu à peu comme la signature de chacun. Cela se prolonge parfois dans un talent de conteur, voire d'écrivain, qui repousse par ses trouvailles les limites de sa langue, tout en la respectant.

Pour autant, il ne nous est pas possible de tout dire. S'exercent sur nous les contraintes de la langue, mais aussi celles du langage un peu particulier que pratique notre profession, les codes linguistiques en vigueur dans notre milieu social, ou encore le style et les modes caractéristiques de notre époque. Cela signifie que, pour tout un chacun et du fait de tous ces conditionnements enchâssés, il existe un écart entre les énoncés par lesquels nous désignons la réalité et la réalité elle-même. Ainsi Aristote peut-il énoncer que l'« Être se dit de multiples façons ». Le langage manifeste l'Être en l'exprimant, mais il peut aussi y avoir inadéquation, voire dissimulation ou mensonge. Dans le *Cratyle*, Platon met en scène Socrate, qui estime que le langage, dans la mesure où il est à la fois relatif aux choses et aux personnes qui les désignent, est constitutivement *ambigu* : il révèle et cache, tout à la fois.

Si l'on suit Wittgenstein, on touche ici le fond de la question, sans qu'il soit possible de creuser davantage. En effet, comme on ne peut parler de la relation entre langage et réalité autrement que *dans* le langage, on ne peut rien dire de la réalité en tant que telle. Ainsi le veut notre condition. Telle est la « chancelante équivocité du monde », selon le mot de Barbara Cassin. D'un tel constat, il importe de prendre son parti, si l'on entend ne pas céder à la pathologie d'une vision s'aveuglant sur son étroitesse et, de ce fait, prête à exclure tout autre point de vue sur le monde que le sien.

En ce sens, il convient de remettre à sa place la vision qui prétendrait à une validité universelle, alors qu'elle n'est qu'une visée parmi d'autres. Le meilleur universel est donc complexe, multiple, relatif. Cela vaut pour le contenu de nos affirmations, qui ne sont que des vérités approchées à mettre en discussion. Cela vaut tout autant pour la diversité des styles d'expression : ils se complètent et méritent une égale attention, nous y reviendrons. Quoi qu'il en soit, si nos paroles ne sont pas entièrement programmées par « la langue », nous avons une marge de manœuvre et, dès lors, une *responsabilité* dans notre expression. Il ne tient qu'à nous que l'institution du langage demeure fiable en ne nuisant pas à sa crédibilité. Nous pouvons, en nommant les choses avec soin, éviter d'« ajouter au malheur du monde », selon l'expression d'Albert Camus.

### *La relation de paroles*

Nantis de ces données générales, venons-en à présent à la relation qui s'établit entre deux personnes par la parole. Jusqu'où est-il légitime d'influencer son interlocuteur ? C'est la question de la « juste distance » avec laquelle on s'adresse à lui en associant *estime de soi* et *respect de l'autre*. Elle peut s'analyser à partir de l'économie du don mise au jour par l'anthropologue Marcel Mauss. Tout échange social recouvre, on l'a dit, un enjeu de reconnaissance entre les protagonistes considérés en tant que *personnes* singulières. L'objet qui se propose à l'échange – bien matériel, service, parole… – est porteur d'une demande de reconnaissance de la part de celui qui donne. Dans un second temps, le destinataire est invité à interpréter le sens de ce don et de cette demande, afin de décider s'il accepte de les recevoir. Dans l'affirmative, s'ensuit un troisième temps, qui consiste pour lui à rendre autre chose, ce qui signifie alors reconnaissance mutuelle et création d'un lien social. Mais, comme on sait, donner tend à *obliger* à recevoir et à rendre. Recevoir crée une dette qui incite, avec plus ou moins d'intensité, à la rembourser. Il en va de même dans le cas où c'est une parole qu'on adresse à autrui : communiquer, c'est fondamentalement *se* communiquer et, en ce sens, se donner. Que l'on pense au tribun, à l'avocat en plaidoirie, au manifestant qui défile en clamant des slogans, comme, aussi, au débit saccadé du timide… Il n'est pas possible de s'exprimer sans produire un effet, ni sans influencer avec plus ou moins de vigueur l'interlocuteur. Parler à quelqu'un en observant ce qu'on peut appeler une « juste distance » consiste à donner de soi dans des termes acceptables pour l'autre, c'est-à-dire, au minimum, en lui permettant de répondre. En ce sens, prendre la parole est un enjeu de *pouvoir* dont l'horizon est l'échange. Cela consiste à lancer une passerelle en direction de l'interlocuteur sans le violenter et, en particulier, sans le mépriser, c'est-à-dire sans brutaliser ce qu'il a de différent de moi. Le souci de prévenir ces risques pourrait conduire à prêcher un catéchisme rigide qui aurait pour effet de façonner une parole lisse et réglementaire. Cela déboucherait sur cette sorte de civilité fade qu'est le « politiquement correct » tel qu'il se pratique parfois en contexte anglo-saxon, langue de bois qui gomme toute aspérité dans l'expression en même temps qu'elle formate la pensée. Mieux vaut donc s'en tenir plutôt à un repérage des problématiques, sans l'accompagner de la moindre préconisation.

Jeter un pont en direction de l'interlocuteur passe par un *tempo*, un *rythme* qui respecte le temps de l'autre et l'entrée en relation. Il ne faut pas se rapprocher trop vite. La *séduction* cherche à déjouer cette contrainte en amadouant par des paroles destinées à accréditer une proximité factice, car prématurée. C'est aussi la tentation du discours *démagogique*, qui cherche à se calquer sur les attentes de l'autre tout en taisant les siennes, comme il est fréquent en politique ou dans la publicité. Une autre forme de violence est celle d'une prise de parole qui cherche à établir un rapport *inégal*, par une posture qui entend situer son auteur au-dessus de l'autre, comme pour le *dominer*. Le problème du moment, à cet égard, semble résider dans une variante de cette stratégie un peu trop voyante. C'est la pratique d'une *intimidation*, qui consiste à imposer, en politique, dans les médias, comme en contexte professionnel, un seul type d'arguments : ceux de *l'expertise*. Comme si la parole sérieuse ne pouvait être que technocratique. Comme si l'expert disposait d'un savoir sur tout et comme si tout sujet était matière à savoir. Ce stratagème vise à discréditer par avance tout interlocuteur qui ne se tiendrait pas dans le même registre. Quand le procédé commence à lasser, on opte pour l'excès contraire : le recours à l'*émotion*, qui rapproche dans l'effusion, voire la fusion. Ce retour à la démagogie, déjà mentionnée, fait l'efficace des « fake news », qui jouent de la complicité avec un certain public en flattant complaisamment ses attentes.

En pratique, la parole qui associe estime de soi et respect de l'autre repose sur un modèle *mixte*. C'est celui qui articule les deux éthiques dont parle Max Weber : l'éthique de *conviction*, qui assume en conscience sa subjectivité, et l'éthique de *responsabilité*, qui centre l'attention sur les effets de l'action plutôt que sur ses intentions. Ces deux éthiques ne sont pas à renvoyer dos à dos, mais à combiner, dans l'idée qu'il peut exister des convictions responsables et des responsabilités convaincues. Cela conduit à combiner les deux discours précédents – celui de l'expert et celui du démagogue – afin de contenir mutuellement leurs excès. Pour qu'un énoncé soit recevable, il ne suffit pas qu'il soit agréable à entendre ni qu'il se prévale d'une vérité scientifique. En définitive, la vérité dont il s'agit concerne moins les énoncés que la qualité de relation entre les protagonistes.

Au-delà du souci que l'on porte à l'interlocuteur comme à la discussion, le bon usage de la parole implique *un certain idéal du lien social en tant que tel*. Il s'agit d'apporter sa part à une communauté langagière qui se respecte. On passe ainsi de la relation interpersonnelle au rapport au collectif. Mettons-nous à la place d'un observateur qui assisterait à un échange de paroles, et demandons-nous ce qu'il pourrait bien en penser. Imaginons que, s'intéressant à un débat parlementaire, à une émission télévisée ou aux échanges sur les réseaux sociaux, il tombe sur une discussion de chiffonniers, comme il s'en observe aujourd'hui un nombre incalculable. De telles pratiques de parole qui rabaissent le langage témoignent de l'idée que la « communauté langagière » se fait d'elle-même. C'est notamment le cas en contexte professionnel, en situation d'entretien comme de réunion, voire dans les vastes conventions que les dirigeants d'entreprise réunissent périodiquement.

Ces pratiques vont du simple mensonge à l'argument de mauvaise foi, en passant par la complicité obtenue à bon compte par un mot facile, quand ce n'est pas le fait de monopoliser la parole, de couper celle de l'autre et tout ce qui peut contribuer à la pauvreté d'un débat faussé qui tourne en rond. À ces pratiques on peut opposer le souci de proposer à l'interlocuteur des arguments de bonne foi, auxquels on croit soi-même, en choisissant ceux que l'autre nous semble le plus capable d'entendre. La réflexion de Habermas, évoquée au chapitre précédent, trouve ici toute sa pertinence, en même temps qu'elle prouve son réalisme. Car il n'est pas rare de l'observer à l'œuvre dans le cadre de certaines séances de commission parlementaire, par exemple. Les participants eux-mêmes en sont conscients : ils se plaisent alors à saluer une discussion qui honore la République. Mais ces échanges, sans doute parce qu'ils font moins de bruit, trouvent moins d'échos dans les médias que les séances de questions au gouvernement, qui offrent souvent un spectacle moins édifiant.

Quelle attitude adopter, en situation ? Cette question conduit à s'intéresser à présent à l'*intention* sous-jacente à la prise de parole. Au-delà de telle parole que nous prononçons dans telle situation, quelle *humeur* nous habite ? Quelle conception éthique nous faisons-nous d'un bon usage de la parole ? On peut distinguer entre des usages, tantôt intolérables, tantôt préférables, et repérer une zone grise, entre les deux.

Il semble que le bon usage de la parole demande de s'adresser à l'interlocuteur d'une manière qui, au moins, tolère et, au mieux, *appelle une réponse*. Il en va de même pour la réponse elle-même. Une cohérence éthique minimale impose, en effet, d'admettre *pour l'autre* ce que je revendique pour moi-même. L'intention bonne consisterait donc à se situer dans les conditions qui permettent la *discussion*. Cela étant, les écueils sont multiples et la parole un exercice délicat et fragile. Le développement qui suit n'a d'autre ambition que de le suggérer à travers une série d'exemples non exhaustive.

En tant que tel, le *désaccord* ne relève pas de l'intolérable, puisqu'il ne manifeste que nos indispensables différences et qu'il peut contribuer à enrichir les points de vue. À cet égard, il faudrait plutôt se méfier de vouloir s'accorder trop vite. Cela débouche en effet sur le « *consensus mou* », qui, somme toute, est aussi violent que le conflit, puisqu'il dissout tous les points de vue dans de faux-semblants. Nous y reviendrons à propos de la recherche du compromis. On peut, au contraire, s'attacher à clarifier le sens des mots et les termes du débat. Ce patient travail permet de mieux s'entendre, parce qu'il rapproche les points de vue en les approfondissant. À cet égard, le plus court chemin vers l'autre est bien la *profondeur*.

Le désaccord peut conduire au *conflit*, situation dans laquelle on en vient à ne plus bien savoir sur quoi porte le différend, et où tout s'entremêle en même temps que le ton monte. C'est le cas quand les protagonistes se désintéressent du motif de leur désaccord pour s'en prendre à la personne de l'interlocuteur. Avant d'y revenir en détail au prochain chapitre, observons à ce stade que, pour éviter l'irréparable, la sagesse peut alors consister à *suspendre* la discussion. Cela suppose de renoncer à faire entendre à l'autre mes raisons à tout prix, et à opter pour la patience et la modestie. On ne se mettra pas d'accord aujourd'hui, mais est-ce si grave ? Ce que j'ai à dire est-il d'une si haute importance ? Mieux vaut attendre le moment opportun, plutôt que d'en venir aux mains. L'enjeu de la discussion s'efface devant celui de la relation.

Qu'est-ce qui conduit du désaccord au conflit ? Il n'est pas rare que cela soit le fait de rencontrer un autre *style* d'expression ou un autre *registre* d'argumentation. Sur ce dernier point, il est fréquent d'invoquer avec sérieux la « contrainte économique » pour disqualifier des propositions d'un autre ordre – social, par exemple – qui n'en tiennent pas assez compte. C'est pourtant ignorer qu'il existe *d'autres contraintes*, tout aussi impérieuses, qu'elles soient d'ordre éthique, juridique, environnemental, esthétique… Au lieu de les opposer, la question n'est-elle pas de s'accorder sur une manière acceptable d'arbitrer entre elles ?

Il existe de multiples façons de s'exprimer d'une manière qui revient à compromettre la possibilité de la discussion. Ainsi le *narcissisme* excessif. Quand l'estime de soi déborde et que mon interlocuteur « s'écoute parler », comme on dit, je sens bien, alors, que je ne suis pour lui qu'un prétexte et un faire-valoir pour un envahissant monologue. Il en est de même avec la *suffisance* d'un discours qui se veut exhaustif. Cela commence avec sérieux, puis s'enlise dans quelque chose de besogneux, avant de sombrer dans la vanité d'une démonstration. Cherchant à épuiser le sujet tout seul, l'orateur s'enclot en lui-même, empêchant l'échange. Avec le *bavardage*, l'excès de mots nuit à l'émergence d'un sens, tel un rideau de fumée. Ce type de logorrhée n'est pas loin du divertissement pascalien. On le retrouve sous la forme numérique de la communication par Internet ou via les réseaux sociaux, quand les volumes échangés semblent importer davantage que les contenus. Émetteurs et récepteurs semblent pourtant se plaire à participer à un exercice qu'il est difficile, de ce fait, de qualifier d'intolérable sans faire preuve soi-même d'intolérance.

De la sorte, la zone intermédiaire entre le souhaitable et l'intolérable confronte généralement à des divergences de goûts et à des différences de styles. Tel est le cas du *brio*. Ici, à force de raccourcis saisissants, l'orateur empêche son interlocuteur de le suivre et, peut-être sans le vouloir, finit par se couper de lui. Cette figure a son contraire. C'est la parole à ce point immergée dans les modes qu'elle s'écoule comme un robinet d'eau tiède. Un discours connu et convenu, hyper-adapté, occultant la personne singulière qui est pourtant en train de s'exprimer. Dans tous ces cas, l'interlocuteur ne peut, semble-t-il, que *demander* à son vis-à-vis s'il lui serait possible de procéder autrement. Il ne peut que le souhaiter, sans être fondé à réprouver.

Qu'est-ce que l'intolérable, à proprement parler ? Peut-être les multiples visages de l'intolérance. Parce qu'elle ne supporte et ne pratique que le monologue. Que faire lorsqu'on y est confronté ? Se retirer de l'échange faussé et opter pour le silence, comme face à un désaccord qui prend un tour violent. Mais il n'est pas sûr que cela suffise. En pratique, la réplique qui arrête efficacement l'intolérable demanderait de tels trésors de justesse et d'assertivité qu'elle est bien difficile à trouver en situation. À moins que la sincérité de *la colère* n'ait, elle aussi, ses vertus ? Se profile ici la perspective d'une éthique de l'*indignation* qui demanderait une réflexion à part entière. Face à l'intolérable, il reste qu'on ne peut ni *interdire* ni *obliger*. Car une parole contrainte ou moralisée n'aurait plus de sens.

Ce qui semble le plus susceptible de dissuader l'intolérable, ce sont peut-être les perspectives qu'ouvrent *les usages souhaitables de la parole*. Respecter la *diversité* des styles d'expression, c'est contribuer à l'enrichissement du paysage linguistique, en multipliant les points de vue sur le monde. Si j'admets la singularité de mon propre point de vue, les perspectives autres que les miennes sont autant de sources d'élargissement de mon horizon. Cette première ouverture en suscite une deuxième. Car l'attention portée aux autres m'ouvre à la variété de leurs modes d'expression : argumentation logique, narration, humour, poésie… À leur contact, j'enrichis mon propre style. J'élargis ma palette et me prépare à faire face à un plus grand nombre de situations. Réciproquement, je n'en suis que plus disposé à ne pas imposer à autrui mon style personnel comme un modèle unique. Ce cercle vertueux incite à rendre mes interlocuteurs, mes pairs, mes collaborateurs, plus attentifs à la richesse des autres manières que la leur.

Considérons, pour finir, la *dimension sensible et corporelle* par laquelle la parole est un instrument qui sculpte une matière sonore. Elle crée du relief en la confrontant à son contraire : ce qui fait que la parole porte aussi par ses *silences*, en jouant des contrastes, comme en musique. La juste parole se méfie de *l'excès de puissance* – du micro, d'un PowerPoint… – qui risque de saturer l'attention de l'interlocuteur et d'instaurer avec lui une asymétrie qui l'empêchera de répliquer. Au contraire, les lacunes et les interstices du discours aident à s'évader en pensée, pour aller plus loin que ce qui a été énoncé. La parole doit ainsi savoir s'effacer pour laisser résonner ses harmoniques chez l'auditeur. La voix, qui est notre instrument, est non seulement à placer, mais à doser, afin d'en travailler le grain et la texture. C'est la composante corporelle du message, qui participe de sa couleur, de sa saveur, de son humeur.

### *La visée de la parole*

Pour bien saisir le sens de cette expression, la visée de la parole est à rapprocher d'un autre terme, proche en apparence : la vision. Le propre du langage est de mettre à notre disposition des mots qui, tout à la fois, ont la même signification pour tous (celui qu'on trouve dans le dictionnaire) et une couleur un peu différente pour chacun. Le mot « neige », par exemple, n'a pas exactement la même signification pour un Marseillais et pour un Québécois. Ni le mot « sexualité » pour un homme et pour une femme. Ni le mot « avocat » pour un juriste et pour un marchand de primeurs. Notre environnement, notre culture, notre subjectivité chargent les mots que nous employons de significations particulières.

Par nature, les mots permettent de nommer et de faire voir ce qui est absent. Personne, par exemple, n'a jamais vu un verre en entier, mais seulement une face à la fois. Le mot que nous employons désigne pourtant l'idée, alors qu'elle est absente de notre champ de vision. Cela doit nous inciter à pratiquer la distinction entre ce que nous *voyons* effectivement et ce que nous *visons* en utilisant le mot. La vertu irremplaçable du langage est de nous permettre de faire part de nos *visées* et de dépasser notre *vision*. Mais c'est à charge pour nous de ne pas transformer cette vertu en vice et de ne pas assimiler nos simples visées à une réalité objective, c'est-à-dire à une vision complète et à une vérité parfaite. Car la réalité dans son entier est, on l'a dit, ce qui échappe à chacun. En ce sens, la première responsabilité d'un locuteur est d'assumer avec courage et lucidité la *singularité* de son point de vue, au sens optique et au sens symbolique du terme. La singularité, c'est la contingence, l'incomplétude, la relativité. Cela interdit au locuteur de prétendre imposer sa visée à son vis-à-vis en la prenant pour la seule possible, à l'exclusion de celle de l'autre.

Pour qu'une parole ne soit pas synonyme de violence à l'égard d'autrui, il convient donc de s'exprimer en adoptant à l'égard de son propre point de vue une attitude mixte qui associe un peu de *dogmatisme* et un peu de *scepticisme*. Le dogmatisme consiste à estimer qu'il y a une part de ce que je dis qui n'est pas vraiment discutable. Par exemple, si j'adresse la parole à quelqu'un, je dois bien considérer que la communication est possible entre les humains. En lui parlant, je tiens ce point pour acquis. En lui adressant la parole maintenant, je fais valoir que c'est le moment et que c'est même important. Inversement, le scepticisme consiste à tenir pour incertain une autre partie de ce que je vais exprimer. Car sinon pourquoi discuter ? Si je suis sûr de tout, il n'est pas utile d'échanger. Tandis que si rien n'est certain, les mots eux-mêmes se vident de sens et il devient impossible d'échanger.

Forte de cette distinction, la visée profonde d'une éthique de la parole pourrait être de se situer sous le signe de l'*hospitalité*. Toute prise de parole postule que quelque chose est communicable d'une personne à une autre, que la parole émise par l'un peut être *reçue* par l'autre. Ce postulat conduit à jeter des passerelles, tout en assumant qu'il n'y a ni incommunicabilité foncière ni communication parfaite. Qu'est-ce qui fait de nous un être parlant ? Nous exerçons une capacité spécifique, celle qui nous permet de lui faire une place dans notre intérieur. Si nous avons appris à parler, c'est parce que nous disposons d'une structure d'*accueil* pour recevoir et comprendre les mots que d'autres nous adressent. Il y a plus. Cet apprentissage n'aboutit pas à une reproduction mécanique. La langue anonyme qui nous est enseignée nous a permis peu à peu d'apprendre, on l'a dit, à exprimer notre personnalité dans son *originalité*. C'est pourquoi la langue n'est pas un système fermé. À mesure que se succèdent des générations de locuteurs, elle continue sans cesse d'évoluer et de s'inventer. Les dictionnaires sont toujours à la traîne par rapport aux usages. Et si les innovations se propagent, c'est parce que la langue vivante est l'expression continuée de la même hospitalité, d'un interlocuteur à l'autre. Le ressort de cette vie du langage, c'est sans doute le *plaisir de partager l'expérience d'un sens commun*, par laquelle s'actualise la sociabilité humaine. Elle concrétise notre goût que s'établissent des ponts entre des personnes exprimant leurs singularités.

Le danger, à cet égard, est aujourd'hui celui du vaste formatage que la puissance des médias favorise en adressant au plus grand nombre des messages suffisamment édulcorés pour pouvoir être immédiatement reçus par tous. Les *moyens* l'emportent alors sur le *sens vif* de la parole, ce qui se répercute en chaîne sur la conversation courante. À l'opposé de ces mots inattendus qui font mouche par leur justesse, dont Nathalie Sarraute fait l'éloge dans le recueil dont le titre a inspiré celui de ce chapitre. Plus inquiétant peut-être est le spectacle en tous lieux des petits objets connectables. Ils constituent la réplique que les personnes opposent à l'anonymat de la communication industrielle. Chacun se protège sous son casque du brouhaha général. On assiste alors au *triomphe de l'entre-soi* par lequel de petites communautés privilégient la similitude de leurs membres, à l'exclusion des autres. Ce qui se trouve alors compromis, dans la rue et les autres lieux publics, mais aussi dans les couloirs de l'entreprise ou à la cafétéria, c'est l'échange non choisi, la disponibilité à l'imprévu, l'échange de paroles entre inconnus.

C'est peut-être la conséquence du rôle croissant qu'exercent les professionnels dans la sphère des activités de langage. En de nombreux domaines, la recherche de la communication performante incite à asséner des slogans, des mots lisses, polis comme des galets, des messages profilés pour atteindre leur cible, comme à la chasse. Alors chacun imite ce qui, en apparence, réussit. Quant à ceux que personne n'écoute, il leur reste à solliciter d'autres professionnels – psys, coachs, etc. – pour bénéficier d'une oreille bienveillante, plus réceptive à leur parole. Dans les lieux ordinaires s'est installée l'habitude de ne pas se parler. Dans le métro, dans l'ascenseur, entre inconnus, on traite ses semblables comme des choses que l'on évite, pousse ou contourne. Alors qu'il serait si simple, autrement efficace et ô combien plus agréable de *s'exprimer*. Quitte à bénéficier d'un brin de conversation, par-dessus le marché.

Les usages mercantiles et technologiques de la parole ne rendent pas justice à l'hospitalité sur laquelle repose, depuis des millénaires, la transmission des expériences de langage, de génération en génération. Pourtant, il relève de la responsabilité des êtres parlants d'aujourd'hui que cet héritage fructifie. Certains philosophes se sont demandé pourquoi il y a de l'*être*, au lieu qu'il n'y en ait pas. On pourrait s'étonner de même qu'il y ait du *sens* et qu'il soit possible de le communiquer. Dans le sillage de cet émerveillement, il y aurait un usage de la parole qui développerait un soin particulier pour *faire le meilleur usage des ressources du langage*. Il agirait sous l'aiguillon d'un sentiment de *gratitude* à l'égard de la chance qu'elles offrent, reconnaissance qui rende désireux de proposer ce que nous avons de mieux à dire.

La visée d'une éthique de la parole se situerait à l'horizon de cette circulation. Son humeur serait celle du sage, du pédagogue, de l'éducateur et de toutes les figures qui se réjouissent de pouvoir suggérer au disciple, à l'élève, à l'enfant l'occasion de *prendre la parole à sa suite, en liberté*. On pourrait parler, avec Ricœur, d'une « *puissance impuissante* » *de la parole* qui invite à la prolonger, habitée qu'elle est par l'*espoir* que la langue et la communication s'enrichiront avec le temps.

Dans cette perspective, parler est un enjeu paradoxal de *réceptivité*. Nous parlons parce que nous avons reçu la capacité de percevoir un sens. En avoir pleinement conscience bénéficie à la communication elle-même. Car la parole qui fait mouche en profondeur est celle qui en appelle chez l'autre à la même réceptivité. Elle y parvient d'autant mieux qu'elle ne parle pas seulement d'elle-même, mais du plaisir d'échanger. Dès lors, si l'on peut parler d'une économie de la parole, il y en aurait deux. L'une relève d'une logique d'*équivalence* entre ce qui est dit et ce qui est compris. Mais la parole qui suscite librement la réplique relève d'une logique de *surabondance* qui enrichit l'échange d'un sens supplémentaire, fût-il techniquement superflu. Discours inspiré, métaphores inédites, mots d'esprit, elle mise en confiance sur une inventivité partagée, pour accroître les ressources du dicible et du communicable. Par enthousiasme. La discussion s'en trouve stimulée, non seulement par cette marque implicite de mutuelle reconnaissance qui tranche avec l'indifférence de la performance, mais par simple *goût* du langage.

Ce sentiment peut fournir la réplique au constat de fragilité de la parole qui a traversé cette première partie. Il peut raviver le sentiment de notre responsabilité à l'égard des mots, tout en l'allégeant et dissuadant de l'exercer avec un trop grand *sérieux*. Par sa saveur, la parole s'anime et se communique à l'interlocuteur. Elle ravive la conversation et le pur plaisir d'être ensemble. De proche en proche, l'usage de la parole peut raviver l'éthique de la discussion. Celle-ci peut alors se répandre jusqu'à irriguer la société de communication tout entière et la sortir de l'ornière de la parole efficace et de l'indifférence blasée. C'est, peut-être bien, la seule manière d'y parvenir. Comme un musicien la musique ou un peintre la peinture, une expression généreuse, parce qu'elle a déjà son salaire – le bonheur de parler –, sert la parole, au lieu de l'asservir.

Mais nous savons que cette chance promise à tous n'est pas toujours saisie. Entre autres raisons, cela tient au fait qu'il lui reste à affronter des enjeux de pouvoir, dont il va maintenant être question.

*En résumé*

• Notre langue maternelle nous offre un point de vue sur le monde : un parmi d'autres. Il n'existe pas de vision panoramique sur le monde.

• Chacun d'entre nous n'a accès qu'à un point de vue partiel et étroit sur le monde : c'est une puissante incitation à miser sur l'échange des points de vue.

• S'exprimer, c'est nourrir l'intention d'influencer l'interlocuteur. Sinon, à quoi bon sortir du silence ?

• Le risque permanent de fausser le dialogue en abusant de notre pouvoir d'influence est ce qui fait à la fois la fragilité du langage et notre responsabilité personnelle pour en faire bon usage.

• Pour que la discussion soit possible, il faut un peu de dogmatisme et un peu de scepticisme.

• Le goût du langage peut raviver l'éthique de la discussion et sortir la société de communication de l'ornière de la parole efficace et de l'indifférence blasée.

*Pour aller plus loin*
Voir en fin de volume.

# Deuxième partie

## Sur quoi pouvons-nous agir ?

Cette deuxième partie se place sous le signe du pouvoir. Utiliser le mot pour l'appliquer à la vie courante, aux situations familiales, amicales ou de loisir peut conduire à être suspecté de nourrir une conception exagérément politique du monde, qui voit des rapports de forces partout. Il y a lieu, cependant, d'observer que, de l'influence au pouvoir, il n'y a qu'une infime nuance. Dans le monde du travail, le mot est rarement prononcé, mais la chose est omniprésente. Sa manifestation concrète découle, en particulier, du principe de subordination, qui s'impose aux titulaires d'un contrat de travail comme aux agents de la fonction publique. Elle ne s'impose pas moins aux professions libérales ou indépendantes, même si c'est sous une forme différente : celle du pouvoir d'agir de tout un chacun, qui se traduit nécessairement par une influence – la revoici – exercée les uns sur les autres. Mais il est difficile de justifier un pouvoir de contrainte, dans une société qui se réclame de valeurs d'autonomie pour chacun et d'égalité entre tous. Dès lors, le danger est que le pouvoir s'exerce d'autant plus franchement qu'il ne s'affiche pas ouvertement et n'est pas identifié comme tel. On ne reviendra pas ici sur ce thème, déjà abordé dans un autre ouvrage. Il suffit de souligner l'existence d'une autre réalité que celle du pouvoir qui s'exerce *sur* quelqu'un. C'est celle de la possibilité de *coopérer*, dans le cadre d'un pouvoir qui s'exerce *avec* les autres.

La difficulté qu'on éprouve pour justifier le pouvoir de contraindre aboutit aujourd'hui, en politique comme en contexte professionnel, à l'exercer en avançant masqué. Ainsi, les titulaires d'une fonction donnant mission de gouverner, de diriger, ou de manager préfèrent souvent loger les prescriptions qu'ils édictent dans des outils et des dispositifs. Par exemple, une procédure formalise une manière de faire et permet d'obliger les exécutants à s'y conformer sans avoir à se justifier. Elle se prévaut simplement de la légitimité de l'expert qui l'a conçue. Il se trouve, cependant, que certains sujets ne peuvent être l'objet d'un savoir ou d'une science. L'agir humain, en particulier, si l'on entend ne pas lui ôter la possibilité de prendre des initiatives, ne peut être enfermé dans une théorie. En effet, celle-ci serait en permanence contredite par l'inventivité de nos actes et ce qu'elle entraîne d'imprévisible. C'est précisément ce que les procédures ont pour ambition d'empêcher. Il conviendrait au contraire qu'elles soient débattues avec les personnes concernées, au lieu de s'imposer à eux sans mot dire.

Ces éléments de fond étant signalés, les trois chapitres qui suivent aborderont le pouvoir sous la forme de ses manifestations quotidiennes les plus tangibles.

L'une d'elles est le conflit. Pourquoi est-il si souvent tabou, lui aussi ? La notion de consensus, évoquée à tout bout de champ, n'est-elle pas ce qui en masque l'inévitable présence, sous les apparences de l'unanimité et au prix, parfois, des artifices de la langue de bois ? Le courage, qui constitue la préoccupation suivante, sera l'occasion de nous demander si l'héroïsme en est l'unique figure. Il s'agira de savoir si être courageux revient à sortir du lot et à se singulariser, ou si d'autres variantes sont possibles. Le troisième chapitre sera consacré au rapport individuel au pouvoir, à travers l'inconfortable question de la « servitude volontaire », posée en son temps par Étienne de La Boétie. Souvent, nous déplorons l'absence de marge de manœuvre dans l'action. Mais avons-nous véritablement tout tenté pour desserrer les contraintes ? Si la réponse est négative, faudrait-il y voir une forme de complaisance avec laquelle nous les aurions secrètement choisies ?

# Chapitre 4

## Du conflit au compromis

Le conflit est généralement un événement vécu comme désagréable, même si c'est évidemment affaire de tempérament et que certains ne le détestent pas, voire s'en délectent. Dans le monde du travail, il introduit un aléa dans le déroulement de l'activité, dégrade le climat, ne fût-ce que momentanément, à moins qu'il ne compromette plus durablement la relation entre collègues et ne se traduise en évitement, voire en départ. Dans certains cas, il n'est d'autre issue que la séparation. C'est également vrai dans le couple comme entre amis. Pour ces diverses raisons, il est tentant de dénier la réalité du conflit et de « prendre sur soi » en l'étouffant. Elle n'en subsiste pas moins, pourtant, le conflit non résolu continuant sa vie en sous-main, avant de resurgir tôt ou tard. Le conflit est de toute façon inévitable, car il n'est que le révélateur de la pluralité humaine. Parce que nous ne sommes pas identiques les uns aux autres, nos points de vue diffèrent. Ils entrent ainsi en désaccord et parfois en conflit. Nous n'attachons pas d'importance aux mêmes valeurs, ou nous les hiérarchisons de façon différente. Ces divergences peuvent tenir à notre éducation, notre formation, notre histoire ou nos intérêts. Elles se traduisent à travers les mots, la sensibilité, les perceptions, par des réactions qui s'opposent et s'entrechoquent. Il est donc indispensable d'apprendre à s'en accommoder et, si possible, à en tirer profit. En pratique, cela consiste à dépasser le conflit par la recherche d'un compromis.

Le mot « conflit » vient du latin *confligere*, qui signifie « entrer en collision ». Il désigne un choc, un heurt entre des forces opposées. Il n'est pas le désaccord, qui peut surgir sans que naisse un conflit. Dans ce cas, une différence d'appréciation ne se traduit par aucune tension relationnelle et se résout par le dialogue. Le conflit émerge quand le désaccord se traduit par un *rapport de forces*. Les affects prennent le dessus, le ton monte et l'on peut en venir à s'insulter, voire à se battre. À l'extrême, c'est l'identité des protagonistes qui devient l'enjeu du conflit.

Classiquement, on distingue entre conflit d'objet et conflit de personne (ou d'identité). Certes, tous les conflits ont un objet et impliquent des personnes. Cependant, le conflit d'objet est centré sur un enjeu précis. Les protagonistes pourront s'empoigner à son sujet, mais c'est lui qui restera la préoccupation centrale. Dans le conflit de personne, au contraire, il passe au second plan. On se focalise sur l'interlocuteur, pour s'en prendre à sa dignité, à sa valeur morale, voire à son intégrité physique. Surgit alors la violence, qui n'apparaît pas dans les conflits d'objet. Ces derniers peuvent être régulés par le dialogue. Les conflits de personne ne peuvent l'être qu'en revenant à un conflit d'objet, par identification et valorisation de l'enjeu *initial*, que les acteurs avaient perdu de vue, les esprits s'échauffant.

Livré à lui-même, le conflit de personne risque de dériver dans la direction opposée au compromis. On s'achemine vers la guerre, caractérisée par l'opposition ami/ennemi, théorisée par le philosophe Carl Schmitt. Dans ce cas, les protagonistes ne se reconnaissent plus rien de commun et s'attachent à se détruire l'un l'autre. Paradoxalement, cette radicalisation du conflit peut résulter de l'absence de relation de personne à personne : quand l'exercice d'un pouvoir, notamment en management, se traduit par la formulation de normes, de règles, de procédures définies loin des protagonistes, par un « spécialiste », une direction fonctionnelle, par exemple. Dans ce cas, en effet, la relation directe est privée d'enjeux et elle ne peut donner lieu à un conflit d'objet. Il n'y a plus que la révolte – le conflit de personne – pour exprimer le désaccord.

Le compromis, pour sa part, a plutôt mauvaise réputation en France, où on l'assimile souvent hâtivement à de la compromission, le soupçonnant de constituer une solution bricolée et mal équilibrée. Cela procède d'un manque de confiance dans les situations autorégulées, sans doute par habitude de recourir systématiquement à l'État et à la règle générale édictée d'en haut. On pourrait faire l'hypothèse, avec les économistes Pierre Cahuc, Yann Algan et André Zylberberg, que ce manque de confiance en soi et en l'autre procède d'une culture qui fabrique de la défiance dès l'école, avant de la pratiquer ensuite dans la sphère professionnelle et notamment en management. Culturellement, le compromis est souvent perçu, dans l'Hexagone, comme quelque chose de trouble, de composite et d'inabouti, qui ne peut être qu'insatisfaisant pour l'esprit. Car on souhaiterait des solutions claires, simples et tranchées, selon une conception qui entend cerner la réalité à travers des principes chimiquement purs. Ne dit-on pas, avec Boileau – considéré comme le styliste par excellence de notre langue –, que « ce qui se conçoit bien s'énonce clairement et les mots pour le dire arrivent aisément ? ». N'est-il pas significatif que cette idée, exprimée bien avant par Caton l'Ancien ou Cicéron, soit revendiquée avec fierté comme un trait spécifiquement français ? De fait, les éloges un rien cocardiers de la culture française font régulièrement valoir une prétendue *limpidité* qui serait le propre de son idiome et de sa littérature, voire de sa musique. Cela se retrouve en politique, sous la plume du philosophe britannique Edmund Burke, vif critique de la Révolution de 1789. L'une des illustrations qu'il fournit de la propension bien française à valoriser l'abstraction et la pureté formelle réside dans une comparaison entre les jardins à l'anglaise et à la française. Les seconds sont tracés au cordeau et peuplés d'une végétation taillée en formes géométriques. Tandis que les premiers la laissent à l'état naturel et privilégient une forme épousant le terrain, au lieu de le dompter. Les uns sont à découvrir avec les pieds, en les explorant ; les autres sont à voir de haut et de loin, comme en surplomb. L'approche pragmatique des Britanniques s'oppose ainsi à l'abstraction de la conception française.

Cette tendance générale à dénigrer le compromis est sans doute aggravée aujourd'hui par un grand souci de sécurité, qui conduit à exiger la transparence en toutes choses et la simplicité d'une logique binaire destinée à évacuer les troubles de l'incertitude. On peut se demander, néanmoins, si cette difficulté à admettre la possibilité du consensus ne se traduit pas, trop souvent, par une moindre habileté à surmonter le désaccord. On est ainsi conduit à le refouler jusqu'au point où, devenu insupportable, il fait retour sous une forme à la fois radicale et plus brutale. Dans cette mesure, la moindre propension au compromis rend plus difficile de réformer. Elle fait ainsi le lit du statu quo et, parfois, de la révolution.

Il n'est donc pas inutile, à maints égards, de se demander quel peut être le bon usage du conflit, en sorte qu'il puisse être créatif, inventif, productif, plutôt que destructeur, voire tragique.

*Vertus du conflit*

Revenons tout d'abord sur ce que le conflit n'est pas. Il se distingue du consensus « mou », cet accord de surface non véritablement discuté et, formellement, non contesté. Cette fausse unanimité est une forme de violence à l'égard des opinions, puisqu'elles ne se sont pas exprimées. D'où la menace permanente que constituent le conformisme et la peur du désaccord, qui ont pour effet de l'entretenir.

Dans le cas du *litige*, espèce particulière de conflit, le motif du désaccord est connu. La discussion raisonnable sur les fins poursuivies permet d'aboutir à un consensus véritable. Ce peut être le cas d'un désaccord porté devant la justice ou une instance d'arbitrage.

Il en va autrement du *différend* dans le sens que lui donne le philosophe Jean-François Lyotard. Son règlement intervient entre les deux parties, mais dans la « langue » de l'une d'elles seulement, alors que le tort subi par l'autre ne se signifie pas dans cet idiome. C'est l'exemple d'un licenciement collectif pour motif économique, dans lequel la direction des ressources humaines (DRH) fera valoir le juste montant des indemnités versées aux salariés licenciés, tandis que ces derniers évoqueront la perte des liens humains, d'une culture partagée et d'une entreprise à laquelle ils ont « consacré leur vie ». Pour la DRH, l'entreprise est une société commerciale ou une SARL, alors qu'elle est un groupe humain pour les salariés.

Une autre situation, inverse, est celle de la *mésentente*, au sens de Jacques Rancière. Elle concerne un conflit entre deux parties qui naît de l'irruption d'une nouvelle revendication de l'un adressée à l'autre, nouveauté introduite par le langage pour désigner une catégorisation inédite qui révèle une injustice, une lacune dans la répartition des parts. C'est le cas du révolutionnaire Auguste Blanqui, convoqué en 1848 au tribunal, qui, déclinant son identité et sa profession à la demande du président, se présente d'une formule lapidaire comme « prolétaire ». La mésentente ne porte pas sur des mots, mais sur l'objet même de la discussion et sur la qualité de ceux qui en font un objet de dispute en désignant soudain le tort qu'ils subissent. Ce dernier porte sur l'existence même de celui qui en fait état, lequel institue un nouveau découpage de l'expérience sensible. Ainsi, de même que dans le cas du différend, on ne sait pas d'emblée ici sur quoi on n'est pas d'accord ni quelles règles sont applicables au conflit pour le résoudre. C'est là que l'intervention du compromis peut permettre de rendre le conflit soutenable, à condition de ne pas croire trop vite en avoir cerné l'objet avec précision. Car un conflit peut en cacher un autre.

En pratique, cette problématique fait apparaître que nombre de conflits ont des origines structurelles et culturelles, dans la mesure où ils résultent des différences de perspectives qui distinguent entre elles des classes sociales, des groupes d'intérêts, voire des professions. Le point de vue du commercial (soucieux de réaliser son objectif de vente) n'est pas celui de l'homme de communication (attentif à l'image de la marque), qui diffère de celui de l'ingénieur en recherche et développement (tenté de privilégier l'innovation), etc. Dans une même institution, tel qu'un hôpital par exemple, l'approche du médecin n'est pas celle de l'infirmière, qui diffère de celle de la direction générale, ou encore de celle du patient. Ces protagonistes sont voués à se trouver en désaccord sur des conflits de valeurs, car ils hiérarchisent différemment les principes qui les guident. Ainsi, à côté des conflits d'intérêts, de pouvoir, de reconnaissance ou encore de territoire, on trouve aussi des conflits entre *ethos*.

Le fait que le conflit tende souvent à être occulté, étouffé ou reporté incite à en mettre en évidence, au contraire, les *vertus*. Certes, le conflit est fondamentalement ambivalent. Il peut produire des désastres et des souffrances ; mais, aussi bien, il peut s'avérer fructueux. Tout dépend de la *manière* dont il est appréhendé et *institué*. En permettant de dialoguer *à partir de nos désaccords*, le conflit assumé permet de mieux discerner et reconnaître nos propres torts, comme de découvrir plus volontiers des solutions chez l'autre, ce double apport mettant en chemin vers un possible compromis.

L'enjeu, à ce stade, est donc de se convaincre du bien-fondé de l'idée que le conflit est à prendre au sérieux pour sa *positivité*. C'est évident dans le cas de l'enfant ou de l'adolescent, chez qui le conflit est facteur de différenciation et occasion privilégiée de se poser en s'opposant. Remarquons que ce peut être aussi le cas à l'âge adulte, notamment en contexte professionnel, dans une logique d'affirmation d'autonomie et de recherche de reconnaissance. Ainsi le responsable logistique s'insurge-t-il soudain contre les délais que lui impose le responsable commercial qui, dit-il, « a tendance à traiter les questions d'intendance par-dessus la jambe ». Au plan collectif, l'irruption du conflit permet de rompre l'évidence factuelle de la validité de la règle habituelle. Elle conduit à s'interroger sur la finalité et la pertinence de pratiques et de routines, auxquelles on se conforme sans y penser. Des aspirations méconnues, voire bafouées, peuvent se trouver ainsi mises au jour et reconnues par un conflit, au profit d'une plus grande justice. C'est aussi l'occasion de raviver le sens de la règle en rappelant les finalités qu'elle sert, contre l'usure du temps qui conduit à l'appliquer pour elle-même.

Le sociologue Georg Simmel insiste, pour sa part, sur l'« immense effet de socialisation » qui est celui du conflit, notamment sous la forme de la situation de concurrence. Cette dernière conduit, en effet, à se rapprocher du rival, à étudier ses forces et ses faiblesses, à repérer ses désirs. Chez le journaliste, le commerçant, le libraire, l'artiste, elle rend plus attentif aux tendances du public, à ses goûts, ses modes, ses variations. Pour

Simmel, les inconvénients de la concurrence, à commencer par le gaspillage de ressources mobilisées dans la lutte, ne l'emportent pas sur ses apports positifs, qui sont ceux d'une « lutte pour plaire ».

Par ailleurs, le conflit ouvre la perspective qu'une règle nouvelle prenne en compte des points de vue exclus jusque-là, à la faveur d'une solution assouplie et élargie. Il contribue ainsi à façonner des institutions plus équitables, donc plus durables et plus fortes. Le désaccord pris au sérieux et surmonté par la construction d'un accord apparaît ainsi comme une source d'innovation, un facteur de changement et une manière d'inventer des modalités inédites d'agir en commun.

Plus profondément, la situation de conflit confronte chacun à son rapport à la *pluralité*. Cette question, déjà évoquée en introduction à ce chapitre, met au jour un débat inauguré au Ve siècle avant notre ère : l'être est-il un ou bien est-il multiple ? Cette formulation abstraite pourra sembler obscure, mais elle recouvre un enjeu quotidien des plus ordinaires. Toute chose, définie par son identité, résulte-t-elle d'une substance unique, ou comporte-t-elle une pluralité interne, un ensemble de composantes hétérogènes, autrement dit, une forme d'altérité ? Pour Héraclite (v. 550-v. 480 av. J.-C.), la réponse est positive. C'est la combinaison des contraires qui fait que quelque chose existe : « Le combat, estime-t-il, est le père de toute chose. » « On ne se baigne jamais deux fois dans la même eau. » L'existence, c'est donc le changement. Ce qui persiste à travers le changement – et ce qui fait donc son identité –, c'est le changement lui-même. Il y a donc de l'altérité dans l'identité. Mais ce combat est régulé par un principe, la raison (ou *logos*), qui fait régner une sorte d'équilibre, tant et si bien qu'aucun principe ne l'emporte définitivement. Cette philosophie est à l'origine de la dialectique, développée plus tard par Hegel, puis par Marx, qui pense la réalité des êtres comme travaillée par des forces antagoniques en tension entre elles.

Inversement, selon Parménide, contemporain d'Héraclite, les exigences de la logique reposent sur le principe de non-contradiction (ou du tiers exclu). Une porte doit être ouverte ou bien fermée ; elle ne peut être les deux à la fois. Cette approche a notamment contribué au développement de la science occidentale qui – avant que Galilée ne change la donne – s'est longtemps conçue comme connaissance vraie de ce qui est immuable, caractérisé par son identité. Cette philosophie est une pensée de l'Un, une conception moniste. Pour elle, la perfection est pensable en soi, à l'instar du cercle ou de la sphère. Tandis qu'Héraclite ne sait identifier la perfection que par comparaison avec son contraire, l'imperfection.

Dans ces conditions, le conflit ne peut être vertueux que dans le sillage d'Héraclite, tandis qu'il est impensable et indésirable pour Parménide. Plus près de nous, Auguste Comte ou Émile Durkheim, parce qu'ils pensent la société comme un ensemble intégré, conçoivent le conflit comme un élément perturbateur de l'ordre social. Mais, chez Marx, chez Simmel comme, de nos jours, chez le psychosociologue Serge Moscovici, le conflit est vu comme un élément moteur et dynamisant du lien social et, par conséquent, comme une voie possible vers le changement.

Ce trop rapide parallèle n'a d'autre finalité que de mettre en question la conception la plus communément répandue, qui tient l'identité pour une, telle une substance, une essence, ce qui l'empêche de discerner les potentialités du compromis. Car elle conduit à formuler des oppositions en termes binaires de type vrai/faux. Si j'ai raison, c'est que tu as tort. Ainsi méconnaît-on le fait que le prétendument vrai peut comporter une part de faux et que le prétendument faux peut receler quelque vérité. Nous avons déjà rencontré cette approche à propos de l'éthique de la discussion et de la difficulté du rapport à l'altérité dans la société contemporaine. Une philosophie moins manichéenne permet, au contraire, d'entrevoir la possibilité d'un rapprochement entre deux vérités partielles et d'élaborer un compromis entre elles. Ce travail est celui de la pensée elle-même. En effet, comme le fait observer Vincent Delecroix, si je me dis toujours oui, c'est que je ne pense plus. En ce sens, la pensée est dialogue, qui passe par l'objection et la capacité de se décentrer pour adopter le point de vue de l'adversaire. A contrario, c'est ce qui fait l'ennui d'une conversation dans laquelle tout le monde est d'accord.

Pour autant, les vertus du conflit ont leurs limites. La plus évidente est le tragique, immortalisé par le théâtre grec antique. Dans *Antigone*, la pièce de Sophocle, Antigone fait tout pour obtenir une sépulture pour son frère, tandis que Créon, le roi, s'y oppose non moins farouchement, au motif que le défunt frère est, à ses yeux, d'abord et avant tout un traitre à la cité. Au nom d'une morale familiale, d'un côté, ou de principes politiques, de l'autre, les deux protagonistes seraient disposés à tuer ou à périr au service de leur cause. Chacun s'aveuglant sur l'étroitesse de son point de vue, le conflit s'envenime, s'exacerbe, allant droit au pire. Chaque acte commis, chaque parole prononcée le fait progresser un peu plus vers l'abîme. La recherche du compromis vise à prévenir une telle issue.

Notons, à ce stade, que le tragique est lié à la haine, sentiment proche de l'amour. Dans la Grèce antique, Éris est la déesse de la discorde, tandis qu'Éros est le dieu du désir : ils ne se distinguent, si l'on ose dire, que par une simple lettre. Car la corruption du meilleur est le pire, non l'indifférence, ou le « moins bon ». On hait ce qui nous touche profondément, non ce qui nous indiffère. Ainsi, la haine est provoquée par une conscience morale *accusatrice de soi* et refoulée. On y réagit en accusant *les autres*, qui nous font souffrir car ils nous le rappellent.

Pour empêcher l'issue tragique, il importe donc de s'avouer la duplicité qui conduit à accuser l'autre en lieu et place de soi-même. À défaut, il faudra l'intervention d'un tiers, juge, médiateur ou arbitre, pour interrompre le cycle de la vengeance – se faire justice soi-même – et permettre d'attribuer à chacun sa part. Mais, trop souvent, on observe le comportement inverse. Il s'agit d'un subterfuge tactique qui tend à parvenir à ses fins en *évitant* la manifestation d'un conflit ouvert, en s'adressant à l'interlocuteur en des termes qui occultent le véritable enjeu. La technique mobilisée en ce sens est la langue de bois, forme de mensonge qui mobilise un effort de langage tendant à unifier les représentations par déformation du sens des mots, de façon à recouvrir les clivages sous des formules creuses. Par exemple, « Nous allons faire » remplace « Tu dois faire » ; l'expression « Nous sommes d'accord que… » obture le fait béant que l'objet de ce prétendu accord n'a précisément pas été discuté. Une seconde technique, souvent alliée à la première, est l'établissement immédiat d'un rapport de forces sans recherche préalable de la discussion. Par petites touches alternant séduction et contrainte, ou menace voilée, cela consiste à enfermer l'interlocuteur dans la posture voulue, sans en appeler à aucun moment à ses convictions. Tout se passe comme si l'hypothèse d'un désaccord était supposée d'emblée la plus probable et assimilée à une impasse, conduisant à écarter la possibilité qu'elle puisse n'être – le cas échéant – qu'une première étape dans la discussion.

Une telle approche ne peut se justifier que dans les cas très limités dans lesquels aucune place n'est possible pour un compromis et sur un sujet qui va manifestement susciter opposition. Mais si elle se répète, elle conduit rapidement à une dégradation de la relation et peut-être à un conflit ouvert, qui sera d'autant plus violent qu'il aura été retardé. On ne peut que s'interroger sur les raisons qui expliquent le fait que cette posture, que Habermas qualifie, on s'en souvient, de « stratégique » (par opposition à « communicationnelle »), puisse s'ériger en pratique permanente. Manque de temps pour s'expliquer ? Absence de réflexion de fond sur les raisons de la décision imposée ? Certitude d'être celui qui sait à la place de l'autre ? Maladresse à conduire une discussion ? Peur de déchoir en acceptant de se justifier ? Il est clair que, dans la plupart des cas, ces différents motifs, plus ou moins enchevêtrés, n'ont en réalité rien de rédhibitoires. Il serait possible de les surmonter en s'y préparant davantage.

*Du conflit au compromis*

Le compromis est l'une des voies possibles d'un conflit, parmi d'autres issues qu'il faut rappeler pour mémoire. L'une d'elles est la *victoire* : un protagoniste impose sa vision à l'autre et énonce unilatéralement les conditions de sortie du conflit. Les exemples historiques abondent dans lesquels l'écrasement pur et simple du vaincu crée les conditions d'une vengeance qui, si elle prendra du temps, n'en sera que plus dévastatrice. Le cas le plus célèbre est sans doute celui des conditions imposées à l'Allemagne par les vainqueurs de la Première Guerre mondiale – conditions qui ne sont pas étrangères à l'éclatement de la Seconde. Une autre issue du conflit est la *réconciliation*. Les protagonistes choisissent d'enterrer la hache de guerre et de renoncer au conflit, jugé trop coûteux sans doute, matériellement ou psychiquement, eu égard à leurs intérêts respectifs, à moins qu'il ne s'agisse de préserver la relation elle-même. La troisième sortie est le recours à un *tiers*, pour arbitrer (conciliation) ou pour rapprocher les points de vue (médiation) et, en quelque sorte, soigner la relation, ce qui aidera les protagonistes à s'accorder par la suite.

Le *compromis* procède, quant à lui, par échange de biens abandonnés de part et d'autre, par réciprocité. Il peut revêtir plusieurs formes. La première est le retrait. Vous convoitez cette place et moi aussi ? Pourquoi ne pas l'occuper à tour de rôle ? C'est le cas, par anticipation, des présidences tournantes, comme au sein des institutions européennes, par exemple. Une autre forme est le compromis par invention d'une autre solution, distincte des prétentions initiales. Il substitue un bien non litigieux au bien que l'on se dispute. Malgré l'excellent prix que vous m'en offrez, je refuse de vous céder ce livre rare, que je tiens de ma grand-mère ; mais je puis, à la place, vous en proposer un autre, dont je suis prêt à me défaire. Une troisième forme est le compromis de tension. Il consiste à rapprocher des catégories opposées pour former un oxymore. Par exemple : une délégation à géométrie variable, un ordre négociable, un engagement réversible, etc. La dernière forme porte sur des normes de conduite ou des valeurs. Le compromis s'obtient alors par réduction des prétentions initiales de ces principes à s'appliquer de manière absolue et générale. Telle valeur s'appliquera dans tel cas, mais non dans tel autre ; ce principe est recevable, mais tel autre aussi.

À l'échelle des communautés politiques, on trouve une variante de cette logique avec le « consensus par recoupement » prôné par John Rawls pour les sociétés pluralistes. Chacun des protagonistes en présence se fait une certaine idée du bien commun (et, à la limite, de l'universel), mais il admet que ce point de vue est lui-même situé, non surplombant, historiquement contingent. Ce constat dispose les acteurs à relativiser la portée de leur propre point de vue. Mais, à la différence de l'exemple précédent, ils optent pour retenir les principes qu'ils reconnaissent comme communs à tous. Dépassant l'antagonisme entre universalisme (selon lequel il existerait des règles universelles) et communautarisme (selon lequel chaque communauté historique ne devrait suivre que les règles qui lui sont propres), cette approche permet d'envisager la cofondation d'un accord sur des règles communes, par recoupement, entre les traditions des différentes communautés en présence.

Ces notions étant posées, approchons-nous davantage des situations concrètes. Car, dans la pratique quotidienne, l'enfer gît souvent dans des détails minuscules. Face à l'amorce d'un désaccord, une manifestation bénigne d'hostilité ou une simple maladresse, il est facile de réagir à contresens. Le premier réflexe peut consister à hausser le ton (« Votre conduite est inqualifiable ! »). Étonné, l'interlocuteur risque alors de surenchérir, et c'est ainsi que se prépare, crescendo, l'ascension vers les grands principes qui est le ressort du tragique. Cette escalade de la violence peut pourtant être évitée, en baissant le ton, au contraire. Si l'on estime être l'offensé : « Il n'y a pas de mal, ce n'est qu'une broutille, vous savez. » Si l'on est l'offenseur : « Je suis absolument confus. Je ne sais pas où j'ai la tête ! » De la sorte, il y a de fortes probabilités que le conflit qui s'amorce soit étouffé dans l'œuf, tué par cette préoccupation affichée de rassurer l'autre. Une troisième issue peut être l'humour, qui a pour effet de relativiser et de fédérer les protagonistes dans une optique qui les englobe dans une condition commune. « On dirait que ça commence comme un lundi ! » À la différence du premier type de réaction, qui amplifie la tendance au conflit, les deux suivants ont pour effet de surprendre l'interlocuteur en changeant d'échelle. En baissant le ton (sans s'humilier) ou en faisant de l'esprit (mais pas trop), on se fait tout petit, créant une disproportion qui désamorce la tendance de la colère à enfler par action-réaction.

Autre difficulté : s'il y a des personnes qui disent ce qu'elles pensent, certaines, au contraire, pensent « non » et disent « oui ». Par timidité, manque de confiance en soi, conformisme, ou autre. Se prépare ainsi un conflit larvé, qui s'aigrira avec le temps, jusqu'à éclater avec d'autant plus de violence. Il y a donc tout lieu, non seulement de ne pas être dupe, mais de vérifier et interroger, pour crever l'abcès. Inversement, certains pensent « oui » et disent « non ». Incompatibilité d'humeur ? Quiproquo ? Tempérament négatif ? Il faut se demander pourquoi. Ce peut être aussi lié à une manière – maladroite dans la forme – de demander quelque chose d'acceptable sur le fond.

Quand le conflit est là, comment s'y prendre pour rechercher un compromis ? La première étape consiste à *se mettre d'accord sur le désaccord.* Cela suppose, non seulement d'oser exprimer son désaccord, ce qui n'a rien d'anodin, mais de formuler l'objet véritable du conflit, qui reste souvent inconscient. Un conflit causé par un retard implique mon rapport au temps, à la ponctualité, voire à une peur du rejet ou de l'abandon. Cette exploration de ce qui est caché nécessite une attention aux émotions et aux besoins primaires. La recherche d'un compromis suppose, en outre, d'éviter tout dérapage et de demeurer fidèle à ses propres valeurs de dignité, de respect, d'équité, en renonçant à la vengeance, qui dégrade l'un et l'autre des protagonistes. Par-dessus tout, la recherche du compromis nécessite de ne jamais chercher à écraser l'autre. L'humilier, ce serait la certitude de l'échec et d'une vengeance pour plus tard.

Le tout converge vers l'idée de favoriser les conditions qui rendent le conflit formulable. Cela requiert, non seulement de privilégier une parole libre, mais de développer de façon générale une pratique de la relation simple et directe, de la discussion franche et ouverte. Il y a donc *une culture du compromis*, que l'on peut entretenir et renforcer dans la durée. Elle implique de s'exercer soi-même à supporter les tensions (ne pas dire oui à tout, ne pas sacrifier au culte de l'unanimité et du conformisme), et peut-être avant tout s'agissant des tensions avec soi-même. C'est dans la mesure où j'accepte qu'il y a de l'autre en moi que je peux accepter d'être en conflit avec un autre que moi.

*Les conditions du compromis*

Apprendre à dire non à l'autre, c'est apprendre à dire oui à l'éclosion de son propre désir. Dans le développement psychique, c'est donc un apprentissage de l'autonomie, qui fait quitter la fusion du petit enfant avec sa mère et le conduit à se heurter au désir d'un autre que soi, dans le conflit. L'autre est quelqu'un avec lequel il va falloir compter. Cet apprentissage est donc aussi celui du renoncement, devant cette butée sur le réel. Le travail commence dans les jeunes années. Il met en recherche d'attitudes permettant d'obtenir une relation satisfaisante, moyennant l'acceptation d'une réduction de ses revendications initiales. Il prépare pour la suite une certaine capacité d'entêtement, ou une prédisposition à céder.

Le risque est celui d'une relation à l'autre qui demeure dans la quête du même, par absence d'acceptation de la différence. Dans ce cas, en effet, la divergence fait naître la crainte, voire l'angoisse, ce qui dissuade d'aller vers l'autre. On campe alors sur ses positions, dans le refus de rien abandonner ni perdre.

Le conflit peut alors s'entretenir par engluement, paralysant le cheminement vers l'autre. Se pose ainsi la question de savoir quel est mon *rapport à la différence* (des sexes, des âges, des cultures, des religions...). L'éducation exerce une notable influence, à cet égard. Ai-je grandi dans un milieu où la différence, toujours gênante, était peu évoquée, souvent méconnue, voire déniée ? Cela préparerait une peur du conflit, autrui devenant insécurisant dans ses actes et ses propos, ce qui incite à le rejeter. En pratique, si l'interlocuteur se trouve dans une posture semblable, le conflit a tout lieu de s'installer, par relation en miroir. Mais s'il comprend les difficultés de son vis-à-vis, il peut casser l'effet miroir, comme le souligne en psychanalyste Hubert Auque. Se dégageant de ce piège, il peut modifier la donne en faisant un pas de côté, pour se demander ce que le conflit exprime. Sous la face apparente du conflit, quel est l'envers qui cherche à se dire ? Mentalement, une telle posture est déjà une mise en position de tiers. Si aucun des protagonistes ne la fait sienne, il faudra recourir à un tiers en chair et en os.

Outre se comprendre soi-même, la préparation du compromis implique l'acceptation de sa propre conflictualité interne. Tous les conflits « externes » nous reconduisent à un conflit interne : un *conflit originaire* avec nous-mêmes. L'individu est, en effet, un être de conflit, du fait de la dualité qui est la sienne. Il est à la fois plus grand et plus petit que lui-même. C'est ce qui fait la faillibilité de l'humain, selon le philosophe Paul Ricœur. Elle tient à l'« ontologie de la disproportion », comme il l'appelle, qui nous caractérise. Nous sommes partagés entre les pôles de plusieurs dualités, que l'on désigne couramment par les couples corps/âme, sensibilité/raison, plaisir/bonheur. Sur ces trois plans, nous évoluons en tension. Dans le registre cognitif, nous sommes à la fois ouverts à l'absolu des concepts, des abstractions, des idéaux et enracinés dans la finitude et les limitations de notre corps et de notre point de vue, au sens optique du terme. Dans le domaine de la pratique, nous sommes capables de raison mais influencés par notre sensibilité. Dans la sphère affective, enfin, nous sommes partagés entre la recherche du plaisir de l'instant et celle du bonheur. C'est là ce qui fait la faillibilité humaine, par « non-coïncidence de l'homme à lui-même ». Nous ne sommes pas à la hauteur de nos visées, de nos convictions pratiques, de nos aspirations affectives. Ce qui empêche, cependant, de sombrer dans un sentiment de fatalité lié à la certitude d'être voués au tragique, c'est la médiation du langage, qui nous permet de délibérer autour de la question : comment éviter le pire ? Telle est la préoccupation qui met en quête du compromis.

Cette recherche repose sur une triple acceptation de la *fragilité*. Celle de soi, pour les motifs qu'on vient d'évoquer. Celle de l'autre, par décentrement et sens de la réciprocité. Car ce que nous admettons pour nous-mêmes, nous devons l'accepter pour autrui. Ce détour par autrui est le propre de la pensée « élargie », que le philosophe Emmanuel Kant oppose à l'esprit borné. Une telle posture consiste à relativiser sa propre position en se situant relativement aux autres et à se considérer en « simple citoyen du monde », c'est-à-dire comme n'importe qui. En pratique, cela conduit à estimer que ma situation ne peut me sembler satisfaisante si celle de l'autre ne l'est pas aussi.

La troisième fragilité à accepter est celle du compromis lui-même. Constitué de mixtes, d'agencements composites, le compromis est moins cohérent et moins pur que les ingrédients qui le constituent. Il est pourtant particulièrement indispensable dans les sociétés démocratiques et pluralistes comme les nôtres, où les conflits sont ouverts entre des individus qui, s'ils sont capables de raison, sont animés par des valeurs et des convictions différentes. En ce sens, on peut dire que la démocratie est le régime de la résolution pacifiée des conflits, dans lequel le dissensus des opinions peut être dépassé en s'appuyant sur un consensus au sujet des règles de la discussion.

L'élaboration du compromis requiert une troisième condition : faire preuve d'*imagination*. Il s'agit, en effet, de renoncer à la logique binaire, qui oppose frontalement les points de vue, en élargissant la pensée au point de vue du tiers. L'imagination est le lieu où s'élabore le monde possible dans lequel l'un et l'autre points de vue peuvent cohabiter. En pratique, cela suppose de passer de la recherche de la *justice* à l'invention de la *justesse*. Cette dernière consiste à restituer aux normes et aux règles, à caractère général et impersonnel par nature, la sensibilité à chaque situation particulière, afin de les adapter pour les appliquer au mieux. Cette forme de sagesse pratique, qui prend en compte la personne de l'interlocuteur dans sa singularité, requiert de cultiver le sens du relatif, afin de se faire plus relationnelle. Dans cet esprit, la notion de vérité se rapporte moins à des énoncés qu'à l'authenticité d'un dialogue et d'une posture.

Cela suppose de la confiance en soi, en l'autre, en la situation, la conclusion d'un compromis ne reposant sur aucune certitude ni aucun savoir a priori, mais uniquement sur le *pari* qu'elle sera possible. Dans les termes de Luc Boltanski et Laurent Thévenot, « la présupposition d'un bien commun est nécessaire pour fonder le compromis ». La confiance permet aussi de se donner du temps, pour se connaître mieux mutuellement, expérimenter ensemble à tâtons, préserver les conditions d'une coopération et d'une reconnaissance. C'est encore elle qui permet de ne pas conditionner son propre engagement coopératif à celui du vis-à-vis, mais d'en prendre l'initiative unilatéralement. La confiance, parce qu'elle est fragile, a pour corollaire la discrétion, voire la confidentialité, comme le prévoient la plupart des procédures de médiation. L'influence des tiers extérieurs au conflit peut, en effet, se révéler préjudiciable à l'issue des pourparlers, en particulier s'ils se transforment en commentateurs des avancées et des reculs des protagonistes. C'est souvent l'erreur que commettent les médias lorsqu'ils commentent une négociation en cours en se polarisant sur la question de savoir qui y gagne et qui y perd.

De l'apprentissage du conflit et du compromis se dégage la perspective d'une démarche cumulative. Le conflit intègre, c'est-à-dire rapproche, révèle, instruit mutuellement sur l'autre, comme y insiste Simmel, on s'en souvient. Par la suite, les protagonistes peuvent plus facilement se risquer au désaccord, leur relation étant ancrée plus solidement. Il semble même que l'épreuve du conflit soit nécessaire pour qu'une relation quitte cette sorte de naïveté première dans laquelle chacun idéalise chacun, et qu'elle s'inscrive dans une forme de réalité durable. Il constitue le test qui, après coup, la valide et la conforte.

Le compromis apparaît comme une figure majeure pour une éthique de l'*incertitude*. Nous vivons des temps incertains et des relations fragiles, ce qui demande d'apprivoiser l'aléa pour le considérer comme un événement ordinaire. L'incertitude peut d'ailleurs être vue comme une ressource, dès lors qu'elle consiste aussi à scruter le monde dans toute l'ambiguïté d'une structure en mille-feuille. Certains aspects de l'humain sont apparents, d'autres cachés, mais les seconds ne sont pas moins réels que les premiers, même s'ils sont en devenir, oubliés ou aléatoires, à l'instar de nos capacités. Au-delà, on perçoit que la non-fixité, le changeant, le mouvant ne relèvent pas exclusivement de la catégorie négative de ce qui est problématique, mais aussi de tout ce qui est vivant : fluctuant, évolutif, surprenant, imprévisible. Apprivoiser l'incertitude invite aussi à admettre que les choses sont toujours plus compliquées qu'on ne croit. Définir une règle prend dès lors des allures de pari audacieux, car comment prétendre savoir d'avance qu'elle sera toujours adaptée ? Mieux vaut miser sur la souplesse des règles que sur leur réaffirmation dogmatique. Il n'y a là nul parti pris pour l'arbitraire du caprice. C'est plutôt l'idée de ne pas se fier uniquement à la clarté des concepts, mais aussi au sensible et au trouble, pour mieux surmonter ce qui nous trouble.

Apprivoiser l'incertitude nécessite pourtant de pouvoir compter sur ces points d'appui solide. Ce ne sont pas ceux que procurent les certitudes, mais ceux que suscite la confiance : en soi, en l'autre, en l'avenir. Comme on le verra par la suite, l'entreprise de réhabilitation du compromis rencontre aujourd'hui sur sa route les difficultés d'une époque qui, bien souvent, à rebours de la confiance, appréhende a priori l'avenir sous le jour négatif des *risques* qu'il comporte.

*En résumé*

- Le conflit n'est pas une anomalie, mais un révélateur de la diversité humaine. Puisque nous sommes différents les uns des autres, nos points de vue entrent inévitablement en désaccord et parfois en conflit.
- Le conflit peut conduire au pire, mais il peut aussi être inventif et constructif.
- La résolution d'un conflit par compromis est peu valorisée dans la culture française, qui assimile souvent ce dernier à de la compromission.
- Pour que le conflit puisse être vertueux, il faut s'avouer à soi-même ses conflits intérieurs.
- La recherche d'un compromis suppose de se mettre d'accord sur le désaccord, de ne jamais écraser l'autre ni l'humilier, et de favoriser les conditions qui permettent de formuler le conflit.
- Sans garantie de succès, la recherche du compromis repose sur le pari qu'une issue acceptable est possible. Cela suppose d'admettre que l'on est soi-même partagé et qu'il y a du bon chez l'autre.
- Le compromis est un moindre mal à honorer comme un bien fragile, à construire avec inventivité.

*Pour aller plus loin*
Voir en fin de volume.

# Chapitre 5

## Le sens du courage

Le courage est une valeur difficile à mobiliser dans la vie courante comme dans le discours managérial. En effet, il passe aux yeux du plus grand nombre pour un idéal un peu suranné, à l'instar de l'héroïsme, de l'abnégation ou du sens du sacrifice. Longtemps, il a pourtant constitué un facteur d'exemplarité. On se souvient du tableau de Gros représentant Bonaparte entraînant ses troupes sur le pont d'Arcole. Chacun semble considérer aujourd'hui un tel exemple avec prudence. Un tel haut fait (fictif, dans le cas de Bonaparte) peut laisser admiratif, mais sans véritablement inspirer le désir de le suivre. Certains domaines d'activité y font cependant exception : l'armée, la police, la gendarmerie, la lutte contre le feu, de même que les métiers ou les sports que l'on ne pratique qu'au péril de sa vie. Le courage y est prôné comme une valeur d'émulation, mais il n'empêche. L'opinion publique ne salue le courage que rétrospectivement, une fois l'acte méritoire accompli, comme ce fut récemment le cas du colonel Beltrame, mort de ses blessures après s'être substitué à une otage, au cours de l'attaque terroriste du 23 mars 2018 à Trèbes (Aude). C'est dire que cette valeur est loin d'avoir disparu et que, bien souvent, elle demeure évidemment nécessaire et se trouve reconnue comme telle. Mais tout se passe, à présent, comme si le courage n'était pas une conduite que l'on dicte à autrui, ni peut-être même qu'on se commande à soi-même, du moins sciemment. Même les véritables héros qui, par exemple, ont caché et sauvé des juifs au péril de leur vie, sous l'Occupation, expliquent leur geste, en général, en disant que « c'était normal ». Comme si la finalité de l'acte avait effacé le danger ?

Dans la plupart des secteurs professionnels, le courage fait cependant partie intégrante des conséquences *implicites* de ce qui est explicitement demandé ou exigé : le dépassement de soi, indispensable à telle initiative audacieuse ou, plus couramment, à la performance, à l'efficience, à la tenue des délais… Mais l'on perçoit aussitôt que ce courage-là recouvre autre chose et que le mot se prête à des glissements de sens. Dans la pratique la plus ordinaire, l'engagement professionnel n'implique pas, en effet, de risquer sa vie, et il semblerait parfaitement déplacé de l'exiger de quiconque.

Une telle appréciation est précisément ce qui peut nous indigner, ou nous laisser incrédules, devant l'exemple des techniciens qui sont intervenus les premiers, à Tchernobyl ou à Fukushima, pour réparer des centrales nucléaires, au prix d'une irradiation fatale. En général, le courage est compris et pratiqué, de nos jours, en un sens beaucoup plus ordinaire. Celui de l'expression « Bon courage ! », qui tend, assez curieusement, à se substituer au classique « Bonne journée ! ».

La question qui nous guidera dans ce chapitre sera donc celle de savoir à quelles conditions l'appel au courage dans la vie quotidienne et professionnelle peut être légitime de nos jours. Mais un repérage conceptuel s'impose au préalable.

*Du courage : sens général et sens actuel*

Par comparaison avec la politesse, la simplicité, l'humilité, la douceur, l'humour ou la tolérance, le courage est sans doute, de toutes les vertus, celle qui rencontre le plus spontanément et le plus universellement l'admiration. Le courage caractérise les héros de la plupart de nos histoires d'enfance et même d'un bon nombre de fictions et de romans destinés aux grandes personnes. Cela étant, le courage peut, aussi bien, parer tous les vices, tel celui d'un assassin. Souvent, ce paradoxe s'atténuera d'un surcroît de désintéressement attribué au « bon » courage. Ainsi parle-t-on, a contrario, d'un crime « odieux et lâche », pour souligner son caractère égoïste. Car le « vrai » courage s'affirme par une dimension de mise à distance de soi, d'effort accompli sur soi-même, au profit d'une action menée en dépit du premier élan qui, spontanément, aurait privilégié une autre option, telle que la fuite.

Le courage a par ailleurs un champ d'application très large, ce qui rend difficile d'en formuler une définition conceptuelle. Outre le courage du soldat au moment de l'assaut, on trouve le courage psychique avec lequel on soutient la résolution d'agir ou de résister, en dépit de la certitude d'avoir beaucoup à y perdre. À quoi s'ajoute le courage intellectuel qui consiste à défendre une thèse ou une cause seul contre tous, ou encore de tirer les conséquences d'une idée en allant jusqu'au bout (je désapprouve les pratiques de mon entreprise, donc je démissionne).

Par-delà cette diversité, qu'est-ce qui peut conduire à considérer le courage comme une vertu ? Il semble que ce soit le fait qu'il manifeste une affirmation de soi face aux circonstances, dans une visée qui est elle-même vertueuse. Par exemple, pour défendre un bien reconnu et menacé, et ce, avec des moyens qui semblent a priori justifiés. La moralité du courage est à ce prix. Il n'est vertueux que s'il se met au service d'autrui ou d'une cause généreuse, considérée elle-même comme morale. On discerne ainsi un triple enjeu : les finalités poursuivies, le bien fait ou non à autrui, la proportionnalité par rapport aux fins des moyens utilisés. Provoquer un carambolage en traversant la rue pour rattraper le parapluie d'un passant envolé par le vent ressemble plus à de la légèreté qu'à du courage. Sauver des flammes les voisins de palier en abandonnant à leur sort ses propres enfants sera jugé criminel et irresponsable.

Compris comme qualité morale, le courage mobilise donc trois dimensions. La composante affective est l'affirmation de soi contre la *peur*. S'y ajoute une dimension cognitive ou rationnelle, impliquant d'être courageux pour des raisons que l'on peut *justifier*. Elles sont à compléter par la notion de *stabilité* d'un comportement qui ne verse pas dans la versatilité de l'action sans lendemain. Si ces trois conditions sont réunies, le courage n'est plus une simple passion, mais un comportement élaboré et réfléchi. Il apparaît alors comme le pendant correctif d'une autre vertu : la *prudence*. Celle-ci est d'ailleurs habitée par un souci qu'elle partage avec le courage : ne pas nuire. Mais, livrée à elle-même, la prudence pourrait être timorée, pusillanime, indécise. Tandis que le courage, livré à lui-même, serait facilement impulsif, aveugle, inapproprié aux circonstances.

Le courage prend le relais de la sagesse et des savoirs quand ils ne suffisent plus. Car ils ne peuvent dire que *ce* qu'il faut faire, mais non qu'il *faut* le faire. C'est le moment du saut. On passe de la posture du spectateur qui admire le héros courageux à celle de l'initiative personnelle par laquelle on se jette à l'eau.

On accomplit alors ce que l'on estime devoir faire, en dépit de la peur. « En dépit » signifie que l'on prend en compte la peur et qu'on la surmonte : non qu'on la dénie. Le courage s'oppose donc à la confiance aveugle et à l'ignorance du danger, comme à l'impétuosité irréfléchie, ou encore à l'expérience qui anesthésie la peur à force d'habitude. En ce sens, il est une attitude justifiée à l'égard de la peur. Il est donc à la fois orienté vers l'avenir, dans lequel il espère, et vers le présent, où s'exerce la volonté et se prend la décision. On peut dire, cependant, qu'il existe un courage sans espoir qui agit pour l'honneur et la beauté du geste, voire pour rien. Mais peut-être s'agit-il, aussi bien, d'un espoir plus grand encore, qui s'en remet à un avenir plus lointain, plus incertain, plus impénétrable, qui dépasse l'horizon de la prospective. Dans un prochain chapitre, nous serons conduits à nous demander, à propos de l'urgence chronique, si une telle confiance dans le futur n'est pas ce qui nous manque aujourd'hui.

On discerne classiquement deux grandes formes de courage. Une distinction dont, semble-t-il, il ne faut pas, cependant, exagérer la portée. La première forme est la capacité de dépasser la peur pour affronter de grands dangers. La seconde consiste à supporter les souffrances et à faire preuve de patience et de fermeté dans l'adversité. C'est la capacité d'endurer. La première est valorisée dans certaines sociétés et dans de nombreuses civilisations *antiques*. Elle constitue traditionnellement le ressort du patriotisme, la logique de l'honneur, le cœur de la morale militaire, la valeur du comportement civique et politique. Cette forme d'héroïsme est essentiellement une vertu *publique*. Elle fait l'objet d'une reconnaissance collective, comme on l'a vu à l'échelle de la société tout entière, avec l'exemple du colonel Beltrame, auquel on a déjà fait allusion. La dimension de l'opinion lui est constitutive, car elle se manifeste à travers la capacité à dépasser le comportement « moyen ». Pour Homère ou pour Machiavel, le courage ainsi compris est la vertu publique par excellence. Il exprime l'ensemble des valeurs de la cité. En latin, le courage est appelé *vertus*, soit du nom même de la vertu, de toutes les vertus. Il emblématise la vertu en général.

Le second sens semble davantage valorisé *à notre époque*. Il désigne plutôt une vertu de résistance et de constance. Le calme et l'endurance sont admirés en tant que tels, à côté de l'action dangereuse ou risquée. Il est néanmoins loisible de se demander, rétrospectivement, si l'héroïsme de la première époque ne relève pas, au moins en partie, d'une fiction colportée à dessein par des historiens épris d'exemplarité et auteurs de récits à visée édifiante. Quant à la nouveauté du courage-endurance qui s'illustre par sa discrétion et sa dimension privée, elle serait à relativiser si l'on songe à un personnage tel que celui de Pénélope, l'épouse d'Ulysse, connue pour avoir patienté jusqu'à son retour. Mieux : Pénélope affronte la vie, alors que le héros antique défie la mort. Quelle question, pour nous, plus contemporaine ? D'autant que les sociétés contemporaines laissent moins la possibilité d'affronter la peur de la mort violente et les grands dangers physiques.

Cette acception moderne du courage s'expose, cependant, à la possible dérive qui consisterait à y voir uniquement une loyauté envers soi-même. Il s'agirait alors de constance, capacité à maintenir son cap dans la durée, ce qui ne serait pas loin de valoriser, en définitive, la grandeur du *moi*. Le courage risquerait alors de perdre sa générosité altruiste et son caractère vertueux tout court.

Un second attribut du courage prête au même penchant. La précieuse ressource qu'il représente permet de se lever et de *sortir du rang*, pour affronter les circonstances peut-être à ses dépens. C'est le courage de ne pas s'en remettre au cours des choses et de faire surgir de l'irréductible qui ne se laisse pas résorber dans le laisser-faire. Il y faut un ressort personnel qui révèle un tempérament. Il serait alors tentant de réduire la thématique du courage à un enjeu de pure assertivité, de leadership, de performance et, bientôt, de développement personnel. Il ne resterait alors qu'à vanter le fait de se situer au-dessus de la mêlée, hors de la condition commune.

Ces remarques conduisent à reformuler la question du courage en termes plus modestes : ceux d'une *estime de soi* suffisante pour permettre d'affronter l'adversité et résister avec vaillance au nom d'un bien commun menacé. L'estime de soi s'entretient et s'actualise dans la capacité d'opter en conscience pour telle conduite plutôt que pour une autre, au lieu de céder simplement, non sans complaisance, à des penchants, des habitudes, des intérêts et autres facilités. En effet, ce ressort proprement éthique est, à nos yeux, le signe que son auteur est le digne représentant de la condition humaine, et non du monde des bas instincts. C'est dire, en même temps, que l'estime de soi n'ambitionne pas de s'extraire de ses semblables, mais seulement de ne pas faillir. Ce sentiment de modestie est précisément celui qui anime les actes que leurs auteurs justifient en disant que « c'était normal », auxquels on a fait allusion plus haut. C'est aussi celui qui irrigue le film tourné en institution psychiatrique par Nicolas Philibert et qui porte si bien son titre : *La Moindre des choses*. Manière de dire que, pour le personnel soignant, être attentif au moindre détail, c'est vraiment la moindre des choses. Sous ce prisme, il s'agit d'une forme d'estime de soi sans gloriole qui permet d'affronter les peurs et de les transformer en confiance.

Cette approche conduit à discerner plusieurs degrés dans le courage et de les superposer en une sorte de mille-feuille. Un premier niveau combine de la volonté et de l'émotion, comme le conçoit Aristote.

Un deuxième substitue, plus radicalement, l'affectivité à l'émotion, avec Platon. Un troisième ancre le courage encore plus profondément dans la vitalité. Selon Spinoza, le courage est la fermeté d'âme (« *animositas* »), qui s'enracine dans l'effort de vivre (ou « *conatus* »). Il procède de l'expérience de vivre, expérience proprement personnelle qui ne peut se déléguer à d'autres. En vertu de quoi, on ne peut se défausser sur quiconque pour accomplir ce qu'elle commande : on ne peut que prendre sur soi de le faire.

Sur ces bases, on peut distinguer quatre couches de courage, du plus superficiel au plus profond. La première est celle du courage comme pure et simple volonté. Il est démonstratif, voire narcissique, et souvent velléitaire. Il est épris de son rôle et de l'*idée* de ce qu'il doit faire. Mais c'est en réalité à peine du courage. Très vite, la volonté risque de dériver en volontarisme, la décision en décisionnisme et l'action en agitation vaine. C'est le courage du mauvais acteur. Il en fait trop. Il simule.

La couche suivante combine volonté et émotion. Le personnage courageux prend de l'épaisseur, car il affronte la peur pour de vrai. Il devient plus crédible. Le rôle est plus habité. C'est le courage du bon acteur.

La troisième couche substitue l'affectivité à l'émotion. Le courage surgit d'une sensibilité active saisie dans sa globalité. Il met en mouvement, non plus un acteur, mais une personne. Ce n'est plus tant le rôle qui compte que le dynamisme par lequel un sujet est affecté. Il tente de se gouverner lui-même, mais il est ébranlé. Le souci n'est plus alors tant la constance ou la ténacité que le sens de la responsabilité, c'est-à-dire la capacité de *répondre*. Il ne s'agit plus de persévérer dans l'effort d'une tâche donnée, mais de savoir s'en détacher au profit d'une autre, plus importante et plus risquée, qui consiste à répondre de quelqu'un qui compte sur moi pour l'aider.

La quatrième couche combine la volonté et l'effort de vivre. Le courage est habité par la *gravité* de l'enjeu. Il consiste à s'effacer devant l'autre menacé, au lieu de se montrer courageux au regard des autres. D'où un effort discret, en empathie, entièrement concentré sur son destinataire et qui peut conduire, à la limite, jusqu'au don de soi, dans la résolution de préserver le vivant en tant que tel.

### *Le courage au travail*

L'approche qui précède s'inscrit en décalage par rapport aux réflexions de Tocqueville sur la démocratie. En effet, le déclin des valeurs aristocratiques qui accompagne cette dernière est, pour lui, synonyme de passion de l'égalité (au lieu de grandeur), de calcul et d'anticipation (alors que le héros ne se révèle qu'en situation) et de recherche du bonheur présent (alors que le courage classique aspire à une gloire future, c'est-à-dire posthume). Il en résulte que les mœurs s'adoucissent – c'est-à-dire, en réalité, s'attiédissent – à mesure que les conditions s'égalisent. Ce qui ne fait pas forcément bon ménage avec la bravoure et l'audace.

Sans nier la pertinence de ces analyses, on peut cependant envisager que la démocratie puisse aussi faire *grandir* le citoyen, et pas nécessairement l'infantiliser. Cela consiste à favoriser en chacun la question : « Qu'est-ce que je peux faire, là où je suis ? »

L'inflexion qui conduit d'une forme de courage à l'autre pourrait, quant à elle, s'expliquer par une évolution d'un autre ordre, sans lien direct avec la démocratie, à laquelle le philosophe et sociologue Hans Joas a consacré une étude fouillée : dans l'intervalle, la personne humaine est devenue *sacrée*. C'est ce que laissent entendre, dès la fin du XVIII^e siècle, les déclarations d'indépendances américaines, puis la Déclaration française des droits de l'homme de 1789. En témoigne, par exemple, l'adoucissement des sanctions pénales que l'on observe en Occident depuis cette époque. En parallèle, l'affrontement des dangers physiques n'apparaît plus avec la même évidence comme une vertu. Le duel tombe en désuétude.

Mais, si l'on perd le lien entre vertu, visibilité et virilité, le courage peut devenir une qualité féminine et converger avec la philosophie du « care », qui valorise les activités suscitées par l'empathie, la prévenance et la sollicitude. Cette éthique du soin et du souci de l'autre se déploie dans l'invisibilité, c'est-à-dire dans un contexte qui n'a plus rien de public. On peut l'illustrer par l'activité des métiers du soin ou des travailleurs sociaux, par exemple, ou par le dévouement en général. À la lumière de Marcel Mauss, la vérité secrète qui guide de tels comportements est que la forme de don de soi qui s'y pratique s'attache précisément à se faire *discrète* et aussi *légère* que possible, afin de ne pas imposer à ses bénéficiaires l'obligation de rendre quoi que ce soit à leurs bienfaiteurs. Le souci des seconds est de ne pas mettre en dette les premiers.

À travers leur incognito, on perçoit que le courage peut se trouver en étroite proximité avec l'*humilité*.

Si cette forme de grandeur ne s'affiche pas, elle ne semble pas moins vertueuse que le courage à l'antique. Au contraire, pourrait-on dire, dans la mesure où elle ne se réclame pas de sa propre vertu, mais de l'appel qui émane d'autrui. Combinée avec le constat de modernité de la persévérance de Pénélope, une telle observation conduit à relativiser encore la distinction entre les deux formes de courage. Il suffit pour cela de mettre en lumière la composante *relationnelle* de la vertu antique et, symétriquement, la *grandeur cachée* de l'endurance moderne, celle d'un héroïsme du quotidien.

Cette approche met sur la voie d'un *courage par sollicitude*, à travers le fait de *s'exposer* aux attentes de l'autre en difficulté, qui compte sur moi pour l'aider. Sa fragilité en appelle à ma capacité de lui répondre – c'est-à-dire, répétons-le, à ma responsabilité. Le vivant en péril, qu'il résulte d'une faiblesse naturelle ou d'une menace violente, nous affecte alors au niveau d'une humeur fondamentale qui nous requiert et nous enjoint de lui porter secours. Cet impératif d'agir fait corps avec ce que nous percevons comme déplorable, inadmissible, injustifiable, voire insoutenable. Il nous émeut, au sens précis du terme : il nous met en mouvement. La fragilité nous *oblige*. Comme l'observe Ricœur, quand un enfant naît, « du seul fait qu'il est là, il oblige. Nous sommes rendus responsables par le fragile ». Et quand ce qui se trouve menacé est une personne, celle-ci nous apparaît comme confiée à nos soins, remise à notre charge. Elle compte sur nous, attend notre secours et nos soins, confiante que nous le ferons. Dans ces conditions, le courage puise à une source *relationnelle*. C'est l'autre qui me rend courageux pour lui venir en aide. C'est lui qui me permet d'être persévérant, car il compte sur moi pour tenir ma promesse. Il me donne la force d'intervenir par la confiance qu'il me porte. C'est en tant qu'*institué*, membre de la communauté humaine, qu'il me rend *instituant*, volant au secours de l'humain. Mais c'est à la condition que je *m'expose* effectivement à sa fragilité et que je l'éprouve personnellement pour entrer en résonance avec elle. En ce sens, le courage consiste à assumer ma *propre fragilité*, celle que je partage avec l'autre, comme avec tous les autres.

Il faut dire qu'une telle approche du courage se heurte à de redoutables obstacles dans le monde d'aujourd'hui, où tout concourt à l'étouffer. Assumer sa propre fragilité est contraire aux valeurs de performance, qui ne jurent que par l'efficacité, la puissance, la vitesse, l'invulnérabilité. Être affecté par la fragilité de l'autre requiert un sentiment de sollicitude que combat la culture de la gagne, de la concurrence et, par conséquent, du chacun pour soi. Dans cette logique, si l'autre se trouve en mauvaise posture, cela me situerait plutôt à mon avantage ! En outre, l'omniprésence des normes, des process, des procédures ne favorise pas la réceptivité à l'appel de l'*événement* que constitue cet autre qui m'alerte, me détournant de ma trajectoire et de ma routine.

Dans une certaine mesure, on pourrait penser que le déclin du courage à l'antique est lié au discrédit que le XX^e^ siècle a jeté sur les idéologies qui nous tenaient lieu de « grands récits », tels l'utopie communiste ou le mythe du Progrès. Aujourd'hui, il ne resterait plus de causes disponibles au nom desquelles se dépasser et sortir de soi. Mais l'on peut estimer, à l'inverse, que les idéologies sont loin d'avoir disparu. Plus discrètes, mais bien présentes, elles ont pour nom marché, compétition, consumérisme, argent, sécurité, identité… La forme de courage que cette situation appelle consisterait donc à résister à l'endormissement de la pensée par lequel ces préoccupations passent pour naturelles, inévitables, nécessaires et, prétendument, les seules raisonnables, en définitive. Il s'agirait, en quelque sorte, d'un courage à triple détente. Il consisterait, tout d'abord, à faire entendre une note *discordante* qui rompe avec l'unanimisme régnant autour de ces fausses évidences. S'ensuivrait le fait de laisser résonner en soi-même sa *propre* fragilité, puis de faire prévaloir la dimension *relationnelle* du courage en se portant au secours, avec détermination et endurance, de la fragilité *des autre*s.

Cela passe par un programme assez vaste, qui demande une bonne dose de patience et de ténacité ; donc un certain courage, décidément. En termes de posture générale, il implique un rapport un peu moins instrumental au monde. Autrement dit, il suppose de concevoir que les situations et les problèmes n'appellent pas toujours une solution technique, mais demandent parfois d'être dépassés par une remise en question personnelle, qui entraîne l'ajustement *de soi* à la situation, au lieu de l'inverse.

Par conséquent, notre projet inclut une présence à soi et aux autres qui consiste à chercher à se connaître, plutôt qu'à se comparer sans cesse afin de se comporter comme les autres. Une telle ambition passe par la dénonciation d'une certaine pratique de l'évaluation et une certaine conception des « résultats » qu'elle s'attache à mesurer. Est ici en cause l'habitude, actuellement hégémonique, de ne raisonner qu'en termes de données chiffrées, en postulant que toutes les réalités sont à la fois homogènes et quantifiables, ce qui justifie de les additionner et de les comparer. De telles pratiques occultent, et par conséquent étouffent, ce qui fait de nous tous, personnes humaines, des « irremplaçables », pour reprendre le titre de l'ouvrage que Cynthia Fleury a consacré à la question. Or le courage tel que Spinoza le conçoit implique, on l'a vu, que notre responsabilité pour agir ne peut être déléguée à nul autre. Elle requiert justement du sujet qu'il se perçoive comme insubstituable, unique, à nul autre pareil. Sinon, comment se sentir concerné *en personne* et, en conséquence, se lever ? Le courage est l'art de *commencer*, ainsi que le souligne Vladimir Jankélévitch. Il constitue une valeur non thésaurisable, car elle ne se conjugue qu'au présent : on n'est courageux qu'en situation. Ce n'est donc pas tant une compétence qu'une capacité à réagir et à se risquer. Elle suppose moins une sorte d'expérience accumulée dans le passé qu'un certain état de disponibilité au présent, une humeur éveillée, une curiosité attentive et entreprenante, une réceptivité au fait même de vivre, qui pousse à intervenir.

Outre le mal des chiffres, qui évacue le sujet humain, les tâches à prévoir comportent, plus largement, une attitude critique à l'égard du recours aux normes. Le monde professionnel subit actuellement une pluie ininterrompue de règles et de procédures de tous ordres : juridique, budgétaire, informatique, sanitaire, déontologique, de qualité, de sécurité, sans parler des bonnes pratiques et des préconisations émanant de multiples organismes de régulation. À force d'excès, ce sont comme autant de béquilles qui désapprennent à marcher. Elles dissuadent l'initiative et installent dans la torpeur d'un climat d'irresponsabilité. C'est ce qu'Emmanuel Kant appelle le « sommeil dogmatique » et le retour à « l'état de minorité ». Dès lors, en toute situation, mieux vaut appliquer la norme que de s'interroger en personne. C'est le triomphe de l'oubli de soi et le contraire du penser par soi-même auquel appelle ce philosophe dans *Qu'est-ce que les Lumières ?*. Incidemment, ce problème touche aussi à la question de la servitude volontaire : quel bénéfice secondaire peut donc procurer ce refus d'être autonome ? Nous le retrouverons sous ce prisme spécifique par la suite. Cela étant, le souci de la norme s'appuie fréquemment sur une préoccupation voisine, qui lui est comme une sœur jumelle et qui appelle la même vigilance critique : l'obsession de la sécurité et, en corollaire, le développement de pratiques de « gestion du risque ». Nous y reviendrons en détail dans le chapitre consacré à ce sujet.

Au total, ce programme, qu'on n'a fait ici qu'ébaucher, s'attache à lutter avec courage contre les assauts démultipliés entrepris, dans le monde du travail et ailleurs, pour dissuader le courage. Ou, pour être à la fois plus large et plus précis, car les activités courantes et le travail ne sont pas en cause en tant que tels, contre les méfaits de ce qu'on peut appeler l'*esprit gestionnaire*, qui n'est pas le fait d'une corporation, mais d'une *mentalité*. Elle investit la société entière, comme le manifeste aujourd'hui l'emploi à tout propos – et généralement inapproprié – du verbe « gérer ». Si le courage entretient, on s'en souvient, une étroite proximité avec l'humilité, par un autre bout il nourrit une profonde affinité avec la *liberté*. Car il implique une rupture avec les habitudes et tout ce qui ressemble à du conditionnement. Ce dernier peut être nécessaire pour installer les bons gestes et les transformer en réflexes, mais à la condition de savoir s'en extraire quand la situation l'exige. La capacité d'autonomie peut alors s'affirmer à partir de la capacité de distanciation qui autorise à agir. Elle conduit à sortir des sentiers battus au nom de valeurs, à la faveur d'un jugement porté sur ce qu'appelle la situation, compte tenu de ce qui en *vaut* la peine à nos yeux.

Nous venons d'envisager le courage de *penser* requis pour secouer les représentations qui retiennent aujourd'hui le courage d'*agir*, sous l'emprise de l'esprit gestionnaire. Mais cette perspective pourrait nous masquer un horizon plus vaste. Pour l'envisager, il faut imaginer ce projet achevé. Par anticipation, supposons donc dépassés les petits calculs d'intérêts. Dans cette nouvelle étape, le courage n'en a pas fini de nous occuper. Parce qu'il y a les dangers, les accidents et les impondérables, mais aussi parce que, de toute façon, il faut du courage pour vivre et travailler.

Empruntons à Olivier Abel un schéma très général et tentons de l'appliquer à la spécificité du monde professionnel et des activités courantes. Sans pouvoir développer ici ce thème autant qu'il le mériterait, trois sortes de courage sont requises de nous. Le premier est nécessaire pour *s'engager*. Nous l'avons déjà rencontré avec l'idée de commencer. Dans la sphère du travail, des loisirs ou de la vie familiale, il permet de prendre des responsabilités, dans un nouveau poste, par exemple, et plus largement d'être capable d'initiatives. Cela consiste à entrer dans l'échange en assumant d'avoir à répondre de soi, en dépit de l'imprévisilibité de la suite. Cette capacité à « assumer », comme on dit, s'appuie sur celle d'*approuver* ce que l'on fait. Fondamentalement, il en va d'une acceptation de son sort qui fait dire « oui » à la vie, en dépit de ses imperfections et de ses incertitudes. Elle ne conduit pas à accepter n'importe quoi, ce qui serait le contraire du courage tel qu'on l'a évoqué jusqu'ici. C'est même elle qui permet, au contraire, de faire le partage entre ce qui est acceptable et ce qui ne l'est pas. Car elle sait aussi s'accommoder de ce qui est. En réalité, elle *reçoit* positivement le fait d'être là où elle est, à tel moment et dans tel contexte. C'est le remède à l'insatisfaction permanente et la réplique aux chimères de l'absolu. Le courage de s'engager s'enracine dans la capacité à *se* recevoir soi-même, avec ses compétences et ses faiblesses, ses qualités et ses défauts, dans cette existence, aussi contingente qu'elle soit. C'est le fait d'être pleinement à ce qu'on fait. Il s'oppose à la tendance à imaginer par frivolité ou par calcul de se désengager des liens au moment même où ils se nouent. Un comportement qui conduit Zygmunt Bauman à qualifier notre monde de société « liquide », dans laquelle rien ne dure et tout se défait à peine commencé.

Une deuxième forme de courage est celle de *continuer* et de persévérer dans l'échange. Nous l'avons déjà rencontrée avec l'idée de ténacité et de continuité dans l'effort. En contexte professionnel comme dans la vie courante, la difficulté consiste à pratiquer la grande loi de réciprocité dans l'échange, en combinant à la fois une exigence d'égalité entre les personnes et de respect des différences, entre les statuts, les métiers, les âges ou les sexes. Se pose aussi le problème de savoir appliquer la logique d'équivalence (traiter autrui comme soi-même et soi-même comme n'importe qui) et le souci de protéger les plus faibles, les moins performants. C'est la grande question de la recherche de la justice dans les relations sociales, qui ne cesse de susciter l'inconfort dès qu'on la prend au sérieux.

Une dernière forme de courage consiste à savoir *terminer* et sortir de l'échange. Une propension spontanée nous porterait à poursuivre notre activité sans relâche, dans une logique de rétribution. Elle peut conduire à exiger et attendre que toute contribution reçoive son salaire, ce qui entraîne malentendus et frustrations. Elle peut aussi entretenir la surenchère dans la spirale des représailles et des rivalités sans fin. Tout se passe alors comme si une vision mercantile ou pénale du monde s'aveuglait sur l'existence de contributions qui se suffisent à elle-mêmes, ou de souffrances bêtement absurdes, dépourvues de signification. Le courage qui permet de terminer est celui de pardonner. Il est d'une grande utilité dans les conflits, les relations de travail en général et la conduite des entretiens d'évaluation en particulier, comme j'ai tenté de le suggérer ailleurs. Mais il demande un effort certain pour surmonter des habitudes de pensée qui considèrent que toute faute implique sanction et toute contribution mérite rétribution.

*Le courage en management*

Le courage, avons-nous dit, prend le relais des savoirs quand ils ne suffisent pas. C'est vrai dans la mesure où ces derniers disent *ce* qu'il faut faire, mais ne me disent pas qu'il *faut* le faire. C'est vrai aussi dès lors que l'acte courageux affronte par nature une part d'incertitude que les savoirs ne peuvent réduire totalement. En ce sens, le courage assume une discontinuité rationnelle : il accomplit un *saut* dans l'inconnu. Cette décision se détermine en fonction de ce qui n'est pas su, mais *cru*, et qui se vérifiera (ou pas) seulement après avoir été *vécu*. S'ouvrent alors des perspectives qui déjouent le souci du vérifiable a priori, qui tend aujourd'hui à prévaloir.

Le courage peut ainsi créer des possibles, à condition que les limites des savoirs soient aussi clairement admises que subverties. Le propos n'est pas, à cet égard, de prôner l'action aveugle, mais de faire valoir que la confiance peut prendre utilement le relais sur les savoirs – confiance dont Anne Dufourmantelle explicite l'enjeu en invitant à prendre « le risque de croire ». Le renoncement aux chimères et à la pusillanimité d'un management qui se voudrait « scientifique » ouvre le champ des possibles. Car il ne s'agit pas seulement de confiance en soi, mais aussi en l'autre, donc en l'échange et en la relation. Par là s'ouvre l'espace d'un projet. Il déploie une confiance en l'avenir, qui peut s'étendre au temps lui-même et aux chances qu'il réserve, se prolongeant de proche en proche en patience et en espoir placé dans ce que la coopération, l'équipe, l'organisation, l'institution, le métier, le travail, l'existence nous réservent.

Un tel mouvement est en réalité double. Il consiste simultanément à se déprendre des certitudes et à se décentrer pour se tourner vers autrui et vers un avenir considéré comme aléatoire, mais potentiellement porteur. Le courage qu'il implique est une qualité majeure en management, car il permet de mobiliser un autre ressort que le pouvoir de diriger : les ressources de la posture d'*autorité*. À l'opposé de la figure caricaturale du « petit chef » qui infantilise par son application tatillonne de la règle, elle s'attache, non à imposer, mais à proposer. Son refus d'agir par la menace ou la contrainte s'adresse, chez l'interlocuteur, au désir d'apprendre, de comprendre, d'entreprendre et ainsi de croître, devenir et grandir. C'est aussi ce qui se joue – on l'a vu à propos de l'usage de la parole – entre le sage et le disciple, entre le pédagogue et l'élève, entre le parent et l'enfant. Le manager peut agir comme un éveilleur en misant sur la capacité d'autonomie du collaborateur, qui ne demande (sauf exception) qu'à progresser. La plupart d'entre nous sommes sensibles à une proposition qui ouvre des horizons. C'est ainsi que nous la suivons et que, de fait, nous obéissons, aspirant à croître en autonomie.

Miser sur l'autorité plutôt que sur le pouvoir d'imposer demande du courage. En effet, cela suppose de descendre de son piédestal en ne se situant pas sur le terrain de la supériorité hiérarchique, et d'opter pour le registre de la libre adhésion. La relation se joue alors, non entre deux rôles sociaux, mais entre deux personnes qui acceptent de s'exposer à l'interlocuteur en lui parlant comme à un égal. Pour le manager, le risque n'est pas nul d'échouer, car faire autorité ne saurait se commander ou se décréter : il n'est d'autorité que reconnue par son vis-à-vis.

La démarche empirique montre que cette relation se pratique bel et bien et qu'elle est fortement appréciée. Une enquête sociologique récente dirigée par Michel Wieviorka et Dominique Méda souligne ainsi que le « bon manager » est, aux yeux de son équipe, celui qui se soucie activement de l'avenir de ses collaborateurs. « Cette dimension de dire que l'on peut faire grandir les gens, c'est pas mal », précise en ce sens une des personnes interrogées. À la vérité, la dose de courage requis se trouve allégée par une autre énergie, à l'œuvre en sous-main : la *gratitude*. En effet, la posture d'autorité se préoccupe de l'avenir de ceux qu'elle appelle à prendre la suite parce qu'elle est animée par un sentiment de reconnaissance pour ceux qui lui ont précédemment appris et apporté. C'est pourquoi elle n'est pas tant attachée à détenir et à exercer un pouvoir que soucieuse de transmettre à d'autres ce dont elle a un jour bénéficié.

Dans le prolongement de la précédente, une autre forme de courage réside dans la capacité à suspendre son geste et à *ne pas* agir. Ce peut être, par exemple, pour attendre et aviser, ne pas céder à l'urgence et patienter. Pour réfléchir, échanger, prendre du recul. Avant tout ne pas nuire, conformément au précepte attribué à Hippocrate. Mais ce peut être aussi par défiance à l'égard de ce corps à corps avec la réalité qu'est l'action, qui peut s'emballer par simple refus de s'avouer en échec. Ce souci ressemble à celui qui inspire le courage de mettre un terme à l'échange, mais il se limite ici à prendre le temps d'une respiration en portant un autre regard sur l'inaction. Elle n'est pas nécessairement synonyme de paresse ou de lâcheté. Contrairement à ce qu'en dit la rumeur générale, fascinée par l'action, il peut être sage de s'abstenir. C'est le cas lorsque le risque que la situation se dégrade semble moins fort que celui d'un agir obstiné et compulsif. Là encore, cette lucidité peut s'appuyer sur une énergie positive, qui est celle de la liberté. Car, si l'on y pense, *ne pas pouvoir ne pas faire est un cauchemar*, comme le souligne Vincent Delecroix. Ce serait pire que d'être une machine : être conscient que, tout humains que nous soyons, nous nous comportons comme une mécanique à l'efficacité simplement réactive.

Cette préoccupation, qui relève du rapport à notre propre action, peut s'étendre à la manière de manager l'équipe, domaine où elle se traduit alors par une sagesse qui sait parfois *ne pas* intervenir. On ne songe pas ici à quelque forme de démission ou d'abandon, encore moins à un stratagème plus ou moins cynique, mais plutôt au courage de miser sur la *coopération entre pairs*, par opposition à la coordination *hiérarchique*. La fierté du responsable pourra s'en ressentir s'il met un point d'honneur à se montrer à tous égards indispensable. Mais, bien souvent, une bonne solution peut être trouvée sans lui et, dans ce cas, ce sera certainement la meilleure – sous réserve de vérifier de loin que l'issue trouvée satisfait chacun et ne consacre pas la loi du plus fort au sein du groupe.

De surcroît, laisser faire donne du recul par désimplication. Les choses apparaissent plus nettement quand on s'en détache physiquement. C'est le moment de porter sur elles un regard critique en levant le nez du guidon. Plus largement, cette forme de courage repose sur la confiance en l'initiative, fût-ce au prix de l'aveu de communes faillibilités. Ce n'est pas manquer de conscience professionnelle que d'accepter les tâtonnements et le risque d'erreur. Privilégier la confiance mutuelle vaut mieux que l'obsession de fiabilité à toute épreuve, qui suscite la prolifération des procédures et le souci sourcilleux du contrôle.

Le courage dans ses formes contemporaines n'est donc pas moins exemplaire que les formes plus visibles d'héroïsme qu'il a, pour partie, remplacées. Cependant, d'humeur plus discrète, il tend à s'effacer, quitte à passer inaperçu. C'est pourquoi il importe d'en rappeler l'existence et la valeur. On l'inviterait même, pour la bonne cause, à s'afficher un peu plus.

*En résumé*

- Le courage est la capacité d'affronter le danger dans un but légitime, en mesurant les risques encourus.
- Dans un sens ancien, le courage est un acte exemplaire et une vertu publique. Aujourd'hui, nous valorisons couramment le courage plus discret de l'endurance.
- Ces deux formes ancienne et moderne peuvent se rejoindre dans une forme relationnelle de courage. Elle puise son énergie dans un sentiment de responsabilité

qui émerge de l'expérience d'une fragilité partagée. L'autre me rend courageux parce qu'il compte sur moi.

• En management, une forme discrète et paradoxale de courage consiste à ne pas imposer, à s'abstenir d'agir, à faire confiance à l'initiative sans intervenir à tout propos.

*Pour aller plus loin*
Voir en fin de volume.

## Chapitre 6

# Autonomie et servitude volontaire

Dans les sociétés modernes se manifeste en chacun le désir de s'affirmer dans son autonomie. Cette aspiration trouve aujourd'hui des conditions plus favorables pour s'épanouir dans la sphère des loisirs, tandis qu'elles sont plus problématiques en contexte professionnel. Car l'idéal d'autonomie y affronte de multiples contraintes, à commencer par celles qui découlent de la subordination hiérarchique. Cette tension s'exacerbe à l'époque contemporaine, du fait que la culture du capitalisme ne se réclame plus des valeurs du puritanisme, mais de celles de l'hédonisme, comme Daniel Bell le soulignait déjà dans les années 1970. Or, si la rationalité des organisations de travail en tient compte en adaptant ses pratiques et son discours, elle n'en conserve pas moins pour préoccupation centrale d'obtenir, d'une manière ou d'une autre, l'obéissance et le contrôle des travailleurs. Dans ce contexte, l'aspiration à l'autonomie semble vouée à se heurter à la réalité quotidienne de « l'action contrainte ».

Le problème qui se pose alors n'est pas de constater trivialement que le travail, contrairement aux loisirs, est une activité éprouvante, ni même que la confrontation à toute réalité entraîne une certaine déception des attentes qu'on y place ou des idéaux qu'on y investit. Il réside plutôt dans le fait que les contraintes en question restent le plus souvent assez souples, ce qui laisse subsister la possibilité d'espérer pouvoir tirer parti de marges de manœuvre résiduelles. Une part de la servitude volontaire, c'est-à-dire d'une situation acceptée alors qu'elle contrarie l'autonomie espérée, se joue ainsi dans la zone d'*interface* entre ces espoirs individuels et les désaveux que l'environnement leur inflige. Les cas les plus criants sont liés à cette pathologie de plus de plus répandue aujourd'hui qu'est le burn-out. Elle concerne la situation dans laquelle le travailleur est contraint de s'adapter sans fin à une tâche, un rythme, une charge de travail, un contexte, sans jamais parvenir au stade où il lui devient possible d'imprimer sa marque et de se réaliser dans son travail. Il se trouve ainsi cantonné dans une logique des moyens, dans le souci d'un fonctionnement, et se met alors à ressembler à la machine et à la servir, au lieu de l'inverse. Une situation analogue est celle de la souffrance éthique, dans laquelle une activité dont la teneur ou les conséquences sont contraires aux valeurs de son auteur mine ce dernier en profondeur. Jusqu'au moment où il se « punit » lui-même pour ces actes qu'il réprouve, en sombrant dans la dépression – seule façon qu'il ait trouvée pour y mettre un terme.

Même si elles deviennent plus fréquentes, la pratique ordinaire se tient heureusement le plus souvent à distance de ces situations extrêmes. Elles ont cependant le mérite de mettre en lumière un phénomène des plus banals, qui opère aussi dans d'autres cas. La contrainte qui vient contrarier l'aspiration à l'autonomie ne s'exerce pas de façon mécanique. Elle n'est pleinement efficace qu'en se greffant sur l'investissement spontané de l'individu dans son activité. C'est le fait d'une réalité du travail qui implique désormais un engagement psychologique important, incompatible avec un agir routinier. Le visage actuel de la domination tient à cette captation de l'attention qui vise à la détourner d'elle-même. On en vient ainsi au dilemme qui nous occupera dans ce chapitre : à partir de quand peut-on estimer que l'individu est l'artisan de son propre malheur ? Cette question renoue avec la problématique énoncée par Étienne de La Boétie voici cinq siècles : dans quelle mesure peut-on parler de servitude volontaire ? Le propos d'ensemble ne sera certes pas de prétendre dissoudre la réalité de la domination dans un hypothétique consentement à la subir. Ce serait ajouter une charge supplémentaire de responsabilité sur des épaules qui ploient déjà sous le poids de l'effort. Il s'agira plutôt de mettre en lumière cette tentation potentielle, afin d'aider à s'en prémunir.

### *Ambiguïtés du management, ambivalences des individus*

Nous commencerons par l'évocation, à travers trois études, de contextes de travail situés à divers niveaux de responsabilité dans les organisations, en privilégiant le prisme des normes de management qui s'y appliquent.

L'enquête menée par Jean-Pierre Durand nous situe au bas de la hiérarchie. Dans la restauration rapide, une célèbre enseigne impose aux équipiers un temps maximum d'attente du client de deux minutes et prévoit que celui-ci doit être servi en moins d'une minute. À la caisse, la polyvalence des tâches contraint les salariés à une activité permanente, même en l'absence de clients. En principe, il ne doit pas y avoir de stock, ce qui entraîne un pilotage de l'activité par l'aval, au rythme de l'afflux des consommateurs. Un système analogue est pratiqué par les hôtesses de caisse des grandes et moyennes surfaces, dans les centres d'appels téléphoniques et dans de nombreux autres secteurs des services et de l'industrie. C'est ainsi que, dans nombre de salons de coiffure, les clients ne peuvent plus, hors contraintes sanitaires liées à la pandémie de covid-19, être admis sur rendez-vous, mais uniquement à l'improviste.

On aura reconnu le mode de gestion de la production dite à « flux tendu ». Dans un tel dispositif, c'est la demande qui régit l'activité, et non plus la planification en amont, comme du temps de la production fordienne de masse. Les salariés n'y sont plus responsables d'une machine, mais d'un segment productif. De la sorte, la contrainte n'émane pas du manager, mais de l'interdépendance entre les différents protagonistes. Jean-Pierre Durand souligne, à cet égard, que le propre du fonctionnement à flux tendu est sa *fragilité*, qui impose une mobilisation de tous les instants des salariés. Cette vulnérabilité constitue un puissant levier managérial, qui met ces derniers en permanence sur le pied de guerre pour veiller à ce que le flux soit *maintenu* tendu. Dans ces conditions, la fonction disciplinaire du manager devient superflue, le travailleur étant asservi par le flux lui-même. Mais s'il y a « implication contrainte » de ce dernier, la contrainte est en apparence naturelle, neutre, extérieure au monde social, ce qui la rend aussi incontestable que silencieuse.

Comment les intéressés parviennent-ils à maintenir dans la durée l'engagement intense qui est attendu d'eux ? Outre la nécessité alimentaire d'un salaire, c'est la possibilité de rendre leur travail plus intéressant en inventant des variantes, des marges de manœuvre par rapport aux règles formelles. À quoi s'ajoute la capacité d'élaboration d'un système de croyances rendant ce travail acceptable, avec l'aide de la pression des pairs. Jean-Pierre Durand met cette dernière en parallèle avec la servitude volontaire telle que La Boétie l'analyse. Nous verrons qu'en effet la coutume joue chez celui-ci une influence comparable en émoussant l'esprit critique. Cependant, on peut observer qu'un autre phénomène opère en amont. En raison même de sa fragilité, le système de production à flux tendu mise sur la *bonne volonté* des acteurs. Tant et si bien que chacun d'eux fait son possible pour assurer le fonctionnement du système. Comme s'il mettait un point d'honneur à tenir sa place, à ne pas faiblir ou faillir, à maintenir sa réputation et son estime de soi, pour faire en sorte que l'activité réussisse. Comme si la conscience professionnelle, avec ce qu'elle implique de dignité, se trouvait ravivée et entretenue par la vulnérabilité du système qui est confié à sa garde.

Après les employés, envisageons les managers. Par rapport aux Trente Glorieuses, la participation de ces derniers aux enjeux stratégiques de l'organisation s'est réduite, tandis que leur rétribution s'est dégradée au regard de leur mobilisation, qui s'est accrue. Pour autant, Gaëtan Flocco montre que les cadres ne sont pas avares de motifs d'adhésion à l'entreprise : goût des qualités intellectuelles du cercle des pairs qu'ils fréquentent, satisfaction pour les marques de confiance que leur témoignent leurs supérieurs, ouverture à l'international apportée par les déplacements à l'étranger… Il note, cependant, que d'autres aspects de leur situation sont passés sous silence : peur du chômage et simple nécessité alimentaire de gagner sa vie, contraintes temporelles et managériales fortes… Les critiques formulées par les cadres s'en tiennent ainsi à un registre technique. Elles ne portent que sur les règles et les choix stratégiques de leur entreprise et ne concernent pas leur situation personnelle.

Au total, cette forme de consentement paradoxal n'exclut donc pas une part d'auto-exploitation, ce qui conduit l'auteur à parler de « dominés heureux ». Gaëtan Flocco y voit le fait d'un imaginaire organisationnel leurrant, qui conduit les intéressés à survaloriser leur autonomie, de même que les défis de la performance qu'on leur demande de relever. Ils disent voir dans ces derniers la source de plaisirs majeurs pour eux, mais restent silencieux sur les coûts psychiques de leurs efforts. À ce stade, l'auteur souligne les hésitations, les contradictions et les revirements qui ont marqué les entretiens qu'il a menés avec eux. En apparence, tout se passe comme si les cadres interrogés intériorisaient des contraintes qu'ils n'ont tout simplement pas le choix de refuser. Le choix ? Il nous faudra revenir sur ce point.

Poursuivons ce parcours en marquant l'étape du côté de l'élite du management, à travers une étude portant sur quatre cabinets d'audit et de conseil réputés les plus importants. Sébastien Stenger, qui a mené l'enquête auprès de salariés de ces structures, montre qu'ils ont rejoint ces cabinets moins par attirance pour un métier que pour le prestige qui s'attache à cette appartenance. C'est pour eux un tremplin leur permettant d'accéder par la suite aux postes de direction des grandes entreprises. Or ce prestige a un coût : travailler dur, résister au stress et accepter d'être classé, dans un monde où la compétition est une méthode de recrutement et de promotion. Chaque semestre, ils seront ainsi évalués, les meilleurs étant promus, tandis que les moins bons seront poussés vers la sortie.

Sébastien Stenger montre combien ces consultants sont à la fois révoltés par ce système et dépendants de lui : tributaires de l'opinion de leurs pairs et du prestige qui s'y joue, et indignés par ce que cette compétition implique de sacrifices pour leur vie personnelle. Leur sensibilité à la pression du groupe est d'autant plus grande que l'appartenance à ce groupe instille à ses membres un sens aigu de leur supériorité. Au passage, le travail apparaît, à leurs yeux, dépourvu de sens en lui-même. Il semble s'agir, tout au plus, d'un sport dans lequel relever les défis est pourvoyeur de médailles et de prestige. Vue essentiellement comme un milieu darwinien, l'entreprise n'est pas envisagée comme une collectivité de travail au service d'un bien commun, encore moins comme une entité censée contribuer à un intérêt général ou public. Privée de portée extra-économique, la performance des hauts cadres de ces cabinets de conseil n'est pour eux qu'un moyen. Dans ces conditions, leur travail n'est pas de nature à les inscrire dans la société.

Plusieurs enseignements peuvent être tirés de ces trois études. Le premier est que le phénomène de servitude volontaire n'est pas absent du contexte des consultants, alors même qu'ils occupent des fonctions élevées, tant en termes de responsabilités, de rémunération que de réputation. Deuxièmement, il semble que l'ambivalence des salariés soit d'autant plus patente et la servitude volontaire d'autant plus manifeste que l'on s'élève dans la hiérarchie des positions statutaires. Un troisième enseignement est que ces différents contextes sont traversés par le fil rouge d'un ressort identique, qui fait l'*ambivalence* de l'engagement des salariés : la *quête de reconnaissance*. Une telle quête explique qu'il existe un *désir* d'être évalué, dont Bénédicte Vidaillet examine par ailleurs les effets en psychanalyste. Ainsi s'explique, selon elle, le fait que chacun recherche activement des épreuves qui lui permettent d'être reconnu légitime et justifié à sa place. À plus forte raison quand les places sont rares et que perdure le chômage de masse. Mais le prix à payer pour cela est le renforcement du contrôle. À la fois par dépendance à l'égard des critères d'évaluation, qu'il faut bien reconnaître pour être soi-même reconnu, et par la pression exercée par le regard des pairs sur les résultats et la réputation.

Quand la reconnaissance est au rendez-vous, il y a renforcement de l'adhésion à l'entreprise, de la loyauté envers elle et de la soumission aux contraintes qu'elle impose. Si elle fait défaut, la tentation est forte d'aller s'évaluer sur le marché du travail. En pratique, on observe cependant que les salariés sont rarement à l'initiative de leur départ. La situation la plus fréquente est donc le maintien à son poste, dans un contexte d'incertitude.

En effet, le monde du travail est opaque et les critères qui déterminent la reconnaissance ne sont ni univoques ni constants. D'autant qu'il n'est pas exclu que le management recoure à des subterfuges pour abuser le salarié. C'est l'hypothèse que développent Robert-Vincent Joule et Jean-Léon Beauvois pour expliquer nombre de situations de soumission *librement* consentie. Le raisonnement de ces auteurs repose sur une théorie de l'engagement d'après laquelle l'individu agit en fonction de ses actes antérieurs, dans un souci de cohérence, en quelque sorte. Dans ces conditions, il n'y a que le premier pas qui coûte, comme on dit. Il est alors assez simple de mobiliser ce ressort dans des visées plus ou moins manipulatoires. À titre d'exemple, citons la technique dite du « pied dans la porte », qui consiste à demander une petite faveur, pour tenter d'en obtenir une plus grande par la suite. Il n'est pas difficile d'imaginer des applications possibles en management. Ainsi pour convaincre de se soumettre comme l'année précédente à une épreuve d'évaluation, alors que, échaudé par l'expérience, on peine désormais à y croire.

Cela étant, il serait hâtif de jeter la pierre à la servitude volontaire en y voyant simplement une posture dans laquelle on se contente de subir passivement ou complaisamment la situation. Car la contrainte, la coercition ou la manipulation ne sont pas suffisantes pour rendre compte du rapport de domination. Pour s'établir durablement, celui-ci nécessite en effet une forme de *consentement* de la part des personnes assujetties à ce rapport. C'est ainsi, par exemple, que Max Weber évoque une *croyance* en la légitimité du pouvoir, chez celui sur lequel il s'exerce. Norbert Elias parle, pour sa part, d'*intériorisation* des normes d'autocontrôle en vigueur au sein d'une communauté d'appartenance. À la racine de la croyance ou de l'intériorisation opère un phénomène de socialisation par lequel l'individualité s'élabore par identification. Devenir soi-même suppose de s'identifier à un autre que soi, à des modèles, des récits, des personnages, des valeurs que colportent l'environnement et la culture dans laquelle on évolue et dont on se revendique. Il existe, de ce fait, une zone grise entre identification et aliénation. Devenir soi-même passe par une *altération* de soi. Sur ce chemin, l'écart est ténu qui sépare la maturation (apprendre à être soi autrement) du fourvoiement (se prendre pour un autre que soi, voire aspirer à ne pas être soi). Le phénomène opère dans la petite enfance, avec les parents et les éducateurs. Il se prolonge au cours des études, durant l'adolescence et la vie du jeune adulte. Il se poursuit jusque dans le monde du travail et de la vie sociale, qui n'est pas avare de ressources pour façonner les identités en flattant la fierté d'appartenance. Les entreprises et les institutions excellent à inventer de la sorte des honneurs et des insignes de toutes sortes. Pour les individus, le souci « d'en être » – la quête de « distinction », pour parler comme Bourdieu – conduit souvent à un conformisme qui uniformise les attitudes et dissuade l'indépendance de pensée. Examinons maintenant de plus près les ressorts de la servitude volontaire tels qu'Étienne de La Boétie, le premier, les a analysés. Nous verrons alors que, si les choses semblent claires en principe, les situations sont moins simples en pratique.

*Servitude volontaire et servitude involontaire*

Comprendre comment il se peut que « tant d'hommes, tant de bourgs, tant de nations endurent quelquefois un tyran seul, qui n'a de puissance que celle qu'ils lui donnent », telle est la tâche que s'assigne La Boétie dans le *Discours de la servitude volontaire*. Qu'est-ce qui peut expliquer cette « opiniâtre volonté de servir » ? Car le tyran qui vous maîtrise « n'a que deux yeux, n'a que deux mains, n'a qu'un corps, et n'a autre chose que ce qu'a le moindre homme du grand et infini nombre de nos villes, sinon que l'avantage que vous lui faites pour vous détruire ». Il n'a rien de plus que n'importe qui, mais voici que « vous vous affaiblissez afin de le rendre plus fort ». Car c'est bien « le peuple qui s'asservit, qui se coupe la gorge, qui, ayant le choix ou d'être serf ou d'être libre, quitte la franchise et prend le joug, qui consent à son mal, ou plutôt le pourchasse ».

Peu à peu, La Boétie met au jour un puissant désir de *docilité*, qui pousse à préférer obéir et à tomber dans un « profond oubli de la franchise », c'est-à-dire de la liberté. Son zèle à se soumettre est si fort qu'il semble que le peuple « n'a pas perdu sa liberté mais gagné sa servitude ». Il ne s'agit pas de lâcheté, car aussi bien, le tyran n'a de supériorité que celle qu'on lui *attribue*. Pour s'en émanciper, « il ne faut pas lui ôter rien, mais ne lui donner rien ». Et le conseil qui s'impose tombe, d'une simplicité étonnante : « Soyez résolus à ne plus servir et vous voilà libres. Je ne veux pas que vous le poussiez ou l'ébranliez, mais seulement ne le soutenez plus et, vous le verrez, comme un grand colosse à qui on a dérobé sa base, de son poids même fondre en bas et se rompre. »

Cela est vrai : vouloir être libre, c'est déjà l'être. Mais La Boétie insiste : « nous ne sommes pas nés seulement en possession de notre franchise, mais aussi avec affectation de la défendre ». Pour être libre et le demeurer, il faut activement s'en occuper. Or il se trouve que les peuples se sont laissé « abâtardir », « abêtir », car ils sont malléables. Ils se contentent « de vivre comme ils sont nés ». « Ils prennent pour leur naturel l'état de leur naissance ». C'est de la paresse, et le propre d'un tyran est d'en tirer profit. Pour La Boétie, une telle dénaturation du rapport de pouvoir tient à l'influence de la coutume et de l'habitude, qui sont comme une seconde nature qui dénature la première. L'homme « perd la souvenance de son premier être et jusqu'au désir de le reprendre ». C'est ainsi qu'il s'engourdit et devient complice de sa propre torpeur. Car « le naturel, pour bon qu'il soit, se perd s'il n'est entretenu ».

La Boétie appelle à surmonter la servitude par l'amitié. Selon lui, les différences naturelles entre les forts et les faibles ne doivent pas entraîner domination ou sujétion, mais susciter au contraire « fraternelle affection », en sorte que l'entraide noue des liens solides entre les plus puissants et les moins favorisés. La nature n'a mis personne en servitude, « nous ayant tous mis en compagnie ». Elle « nous a tous faits de même forme, et, comme il semble, à même moule, afin de nous entreconnaître tous pour compagnons ou plutôt pour frères ». L'amitié a pour corollaire la communication. Nous sommes dotés de « ce grand présent de la voix et de la parole pour nous accointer et fraterniser davantage, et faire, par la commune et mutuelle déclaration de nos pensées, une communion de nos volontés ». L'entreconnaissance, mot aujourd'hui disparu, fait allusion à l'espace qu'il désignait entre les interlocuteurs : à la fois lieu et lien, espace réel et langage. L'identité de tous et de chacun ne se donne pas en dehors de la relation et, par elle, demeure ouverte, perpétuellement en question. C'est l'exact contraire de la situation dans laquelle les hommes livrés à la servitude sont comme « enchantés et charmés par le nom seul d'un », le tyran, qui les fascine parce qu'il incarne l'unité. Il faut rappeler que le *Contr'Un* a longtemps été le titre attribué (par d'autres que son auteur) au *Discours*. Ce dernier peut, en effet, se lire comme une critique de l'*unanimisme*, thématique sur laquelle le philosophe Claude Lefort a attiré l'attention.

Cette double critique de la coutume et de l'unanimisme arme une mise en garde contre le conformisme et suscite l'éloge de son contraire, la pluralité humaine. La servitude volontaire passe par le renoncement de chacun à assumer son propre désir, à développer son esprit critique et à miser sur les vertus de la discussion.

Pour lutter contre le diktat du sens commun, il s'agit d'aiguiser le sens *du* commun. Il en va simultanément de l'amitié envers les autres et de cette forme d'amitié à l'égard de soi-même qu'on appelle *estime de soi*. Elle dissuade l'obéissance aveugle en entretenant le sens vif de l'obligation éthique par le dialogue critique de soi avec soi.

Cela posé, il convient d'évoquer maintenant les difficultés pratiques que l'on rencontre aujourd'hui pour concrétiser ces idées dans le monde du travail et la vie quotidienne. On s'y trouve confronté, en effet, à divers dilemmes qui rendent fréquentes des situations de servitude *involontaire*, c'est-à-dire subies, alors même que le sens du commun et le souci d'un dialogue critique de soi avec soi sont aux aguets.

Une première difficulté tient à ce qu'on appelle classiquement l'incomplétude du contrat de travail. Certes, un engagement réciproque a été conclu et signé. Mais il ne peut tout prévoir, loin de là. Si mon chef est d'un tempérament colérique, mes éventuels désaccords avec lui n'auront pas les mêmes effets que si c'est un praticien éprouvé et convaincu de la communication non violente. Il y a aussi des éléments d'information dont il dispose et moi pas, ne serait-ce que pour des raisons de confidentialité, ce qui crée d'évidentes asymétries dans notre relation. En contexte de chômage de masse, il semblera donc indiqué de déployer des trésors de diplomatie, de façon à ne pas compromettre mes relations avec lui, quitte à sacrifier quelques vaisseaux afin de sauvegarder l'essentiel. D'où une situation qui tend à osciller entre servitude volontaire et involontaire, au gré des risques que je m'autorise à prendre ou pas, pour défendre mes intérêts et mes droits. Si je m'abstiens, je me prive peut-être d'une chance d'obtenir satisfaction et, sous ce critère, ma servitude devient volontaire. Dans le cas contraire, je prends un risque qui peut se révéler coûteux. Dira-t-on alors que je l'ai bien cherché et, en quelque sorte, secrètement désiré ?

Un pas de plus est franchi quand ce type de situation s'installe, me conduisant à réviser durablement mes attentes à la baisse. C'est la situation du renard et des raisins, dans la fable de La Fontaine qui porte ce titre. « Ils sont trop verts et bons pour des goujats », conclut le renard, conscient que les raisins sont placés trop haut pour lui être accessibles. Non sans élégance, certes, il renonce. L'économiste Amartya Sen appelle « préférences adaptatives » un tel constat, qui correspond, en termes de choix, à un optimum de second rang. Dans ce cas, il y a consentement à une solution vaguement bancale. Mais, à la longue, cette issue tend à passer pour normale. L'optimum de premier rang est perdu de vue. S'insinue une forme d'habitude, ou d'oubli, pour parler comme La Boétie. Rien de grave si cela porte sur des objets de peu d'importance. Il est vraisemblable, néanmoins, que cette situation corresponde à celle de nombre de professionnels en ce qui concerne un enjeu aussi fondamental que, par exemple, le choix de l'emploi qu'ils occupent, voire du métier qu'ils exercent, pour ne pas parler des temps de trajet entre domicile et lieu de travail. Pour autant, il n'y faut pas voir trop vite des situations de servitude volontaire, dans la mesure où le problème est en partie tributaire de conditions plus générales, telles que la formation initiale et la situation sur le marché du travail ou du logement. La question demeure entière : renoncer relève-t-il de la sagesse du compromis dont il a été question au sujet du conflit (ce dernier ayant lieu ici avec soi-même et éventuellement avec les proches) ? Ou bien y a-t-il abandon de quelque chose d'essentiel par lassitude et résignation ?

Un troisième type de difficulté est lié aux inégalités de compétence dans le domaine du savoir-faire tactique. Les décisions ne se prenant pas toutes avec une loyauté parfaite et un sens aigu de la justice, il n'est pas rare que les collègues les moins calculateurs – ceux que les stratèges qualifieraient de « naïfs » – se retrouvent régulièrement les plus mal lotis : affectés aux tâches ingrates, ou au jour de permanence dont personne ne veut, par exemple. Ils n'ont rien vu venir et n'ont pas la présence d'esprit nécessaire pour argumenter en sens contraire. Il en va de même, plus largement, des situations dans lesquelles un dispositif manipulatoire est à l'œuvre : le candide tombe immanquablement dans le piège. C'est, à plus forte raison, le cas du harcèlement au travail, qui se traduit presque toujours, chez la victime, par un état de sidération et de déni qui la prive de la lucidité indispensable pour réagir à temps. Il faudrait avoir l'esprit excessivement subtil pour rattacher ces situations à la problématique de la servitude volontaire, alors qu'elles relèvent plutôt d'une difficulté d'adaptation et d'apprentissage.

Le quatrième type de difficulté est plus paradoxal. Il se trouve toujours, quel que soit le secteur d'activité, certains professionnels qui font preuve d'un engagement foncièrement centré sur la tâche et attentif au collectif, au point, dirait-on, de s'en oublier eux-mêmes. En réalité, ils portent haut le projet d'*autonomie* : s'obéir à soi-même afin de se *conduire*, et pas seulement de se comporter. Leurs choix sont réfléchis, leur dévouement se détermine en fonction de l'intérêt de l'équipe et du souci du client, le sens du travail bien fait les conduit à se dépenser sans compter, ils se montrent presque toujours patients et compréhensifs, etc. Ce profil tranche avec les valeurs d'*indépendance* que pratiquent un certain nombre de leurs collègues, qui privilégient leur intérêt immédiat et mesurent leur participation selon une logique peu altruiste et résolument utilitaire. Cela conduit les premiers à s'effacer devant le groupe. Ils s'inscrivent dans un ordre symbolique, ce qui a pour condition première de *renoncer à la toute-puissance*. Le risque est alors que l'exigence de leurs idéaux les conduise à une forme de désintéressement sans limites, à un degré de confiance et d'humilité qui accepte la remise en question permanente. Si l'on en juge d'après nos développements précédents à ce sujet, ils font preuve d'une forme de courage. Mais, au royaume des intérêts particuliers, la thèse du bien commun peine à se faire entendre et l'emporte rarement. C'est ainsi que la loi du nombre et les phénomènes de groupe se retournent contre elle. Se pose alors la question de savoir si un tel engagement franchit la frontière qui sépare l'abnégation du sacrifice. À partir de quand, dans ce cas, peut-on parler de servitude volontaire ? Où passe la limite et est-il si simple de la défendre par égard pour soi-même ? Il n'est pas rare que, profitant peut-être de ces hésitations, l'équipe ou la hiérarchie abusent de cet inhabituel sens du service, soit en le poussant à bout, parfois jusqu'au burn-out, soit en le malmenant, parfois jusqu'au harcèlement. Parvenu à ce point – et de préférence juste avant –, il revient alors au courage de s'allier une autre qualité : la lucidité. Elle permet de comprendre qu'il est temps de fuir.

Un dernier type de situation semble, quant à lui, correspondre plus nettement à une servitude *volontaire*. C'est le cas d'un travail qui ne satisfait pas son auteur, mais que ce dernier poursuit vaille que vaille, en raison des bénéfices secondaires qu'il lui procure. Quand les langues se délient, une vague morosité s'exprime, dont on comprend que le locuteur s'en accommode au nom d'un statut, d'avantages, de pouvoirs, d'autres biens encore, dont il assure qu'il ne saurait se passer. C'est cette absence prétendue de choix qu'il va s'agir maintenant de questionner.

*Résister*

Saisie à sa racine, la forme sans doute la plus répandue de servitude volontaire dans le monde du travail peut s'analyser aujourd'hui autour de deux composantes. La première est l'acceptation de l'idée que le travail n'a que trop déçu et qu'il faut s'efforcer de réduire sa capacité à décevoir davantage. Dans ces conditions, il ne faut plus miser sur les satisfactions que l'action est susceptible de procurer par lui-même. Place, donc, à un prétendu « réalisme » défendu comme un dogme et à une forme de cynisme solidement étayée à la résolution de se préserver soi-même. Cette posture n'empêche pas d'espérer, mais secrètement, en considérant l'inespéré, s'il se présente, comme une simple exception qui confirme la règle. L'autre composante est la préoccupation de tirer avantage de la situation matérielle et symbolique que le travail procure et de rechercher le *confort*. Cette disposition d'esprit peut être liée au fait d'occuper des postes élevés dans la hiérarchie, en raison des importants avantages qui y sont attachés. Mais il peut s'agir aussi de situations simplement satisfaisantes en termes de sécurité économique, ou de fonctions qui offrent des commodités telles que la souplesse horaire, l'indépendance, une reconnaissance locale, ou la simple facilité du train-train, par exemple.

Le fait est que nombre d'entreprises s'emploient à *favoriser* ce type de situations en développant des pratiques qui s'apparentent à ce que Tocqueville appelle le « *despotisme doux* », que l'on pourrait qualifier aussi de maternant. Il consiste à prodiguer aux salariés des avantages matériels qui rendent chaque jour moins nécessaire de faire face par soi-même aux aléas de la vie ordinaire : boutiques et services disponibles à toute heure au rez-de-chaussée, offre de loisirs à tarifs réduits, assurance complémentaire mirifique, etc. Le bénéfice recherché est évident : renforcer l'attachement à l'entreprise, à la fois par reconnaissance et par dépendance. Cette approche n'est pas incompatible avec son contraire, le *gouvernement par la peur*, autre version du despotisme, selon Montesquieu cette fois. La menace à brandir pour faire peur est à portée de main : il suffit de considérer les exigences de la concurrence (dans le secteur privé), ou de se tourner vers les exigences budgétaires (dans le public).

Les unes et les autres impliquent toujours de faire plus avec moins. Dans l'alternance d'un despotisme doux et d'un despotisme dur, le travailleur voit ainsi osciller son sort entre le statut de celui que l'on choie et la situation précaire de frêle unité de valeur dans la comptabilité mondiale.

En réalité, les deux volets de cette rhétorique se complètent. Ils alternent les deux faces du même thème, la *sécurité*, qui est tout ce qui reste quand le travail n'est qu'un moyen et n'est plus à lui-même sa propre finalité. Le despotisme maternant est la contrepartie consentie par l'employeur pour compenser le despotisme de la peur. Il apporte, en effet, le confort économique, l'affiliation à un collectif, la reconnaissance sociale et une sorte de régularité dans le mode de vie qui procure en elle-même un sentiment de sécurité. Ce sort en apparence avantageux fournit le socle d'une existence sans aléas, qui allège la charge mentale du « trouble de penser » et de « la peine de vivre », pour reprendre la célèbre expression que Tocqueville applique au despotisme doux de l'État démocratique. Ainsi, les maux occasionnés par le despotisme dur sont en quelque sorte effacés par l'anesthésie du sens vif de l'existence, avec ce qu'il implique d'aléa, de risque et, plus généralement, de tout ce qui fait événement. Le despotisme doux apporte une assurance contre ce qui, dans la vie, entraîne interruption et discontinuité. Bientôt, il ne se passera rien. Dans ce sillage, cela vous prédispose à écarter l'altérité, le conflit, le tragique, l'imprévu, l'étrange, l'étranger, l'hospitalité, le sans-prix, le gratuit…

On observera qu'il n'y a pas, en réalité, de commune mesure entre les exigences posées par le despotisme dur et les avantages matériels procurés par le despotisme doux. Il en va ici de même que, plus généralement, entre le temps apporté par le salarié à l'employeur sous la forme d'un travail et le salaire versé en retour par ce dernier. Mais cette sorte de tour de passe-passe demeure inaperçue tant que le travailleur s'épanouit dans son activité. Il n'en va plus de même s'il n'y croit plus. Pour entretenir ce marché de dupes, il ne lui reste plus qu'à entretenir l'illusion du contraire. C'est ce à quoi s'attachent aujourd'hui les entreprises, dans les conditions qu'on a dites, et plus largement tout ce qui fait le folklore – publicité, médias, etc. – de l'univers marchand. Telle est la forme actuelle de la coutume que La Boétie dénonçait en son temps : un système de croyances entretenant l'idée que la situation ne peut pas être autrement.

Il n'est pas exclu que ce rideau de fumée puisse être un tant soit peu dissipé par le raisonnement critique. Dans ce cas, il devient moins évident que le travail privé d'horizon ne puisse avoir d'autre issue, prétendument faute de choix, que la résignation. Mais vous n'y êtes pas, objecteront certains. Certains besoins économiques incompressibles constituent une contrainte suffisante pour se contenter de sa situation. Observons cet argument de plus près. Appliquée au niveau de vie, la catégorie du « suffisant » ne relève pas que de facteurs purement économiques : c'est « une catégorie culturelle et existentielle », écrit André Gorz. Elle renvoie, en effet, à la conception que l'on a du nécessaire, en vertu des représentations qu'on s'en fait. La considérer comme une donnée naturelle, c'est en particulier méconnaître le fait que la servitude volontaire se développe solidairement dans la sphère de la production et dans celle de la *consommation*. Une pression croissante ne cesse, en effet, de s'exercer sur le consommateur pour faire en sorte que ses achats entretiennent sans relâche la production. Le chômage de masse ajoute un motif supplémentaire en ce sens en incitant à consommer dans le but de favoriser la création d'emplois. Cet argument semble néanmoins spécieux, dans la mesure où, de fait, la production se traduit aujourd'hui par une répartition des bénéfices qui se révèle plus favorable aux actionnaires qu'aux salariés et qu'à l'emploi. Le problème est plutôt qu'une quête du profit désormais sans entrave appelle une consommation qui ne sera jamais considérée comme suffisamment insatiable. À telle enseigne que tout concourt aujourd'hui pour essayer de nous convaincre de nouveaux besoins non pourvus dans notre propre existence. Ralentir et réorienter cette course folle passe par un rapport au travail qui ne soit pas qu'instrumental, mais de conviction. Cela suppose de desserrer la contrainte *culturelle et psychologique* de la consommation, en relativisant celle du pouvoir d'achat. Il faut reconsidérer la catégorie du « suffisant ».

Sans prétendre faire la leçon à qui que ce soit, on s'en tiendra à une invitation à porter un regard plus critique sur l'utilité de ces biens et services qui nous semblent prétendument indispensables. À un certain stade, en effet, cette préoccupation condamne à être possédé par sa possession. Il n'est pas nécessaire de devenir un adepte de la décroissance pour s'en convaincre. Cela conduit, au passage, à relativiser d'autres prétendues contraintes : outre l'avoir, elles concernent le pouvoir. Certains dirigeants et managers affectionnent particulièrement de l'exercer, au point de ne pas envisager de *pouvoir* s'en passer. N'est-ce pas le signe d'une difficulté à maîtriser la volonté de maîtrise ? Semblablement, dans l'ordre du valoir, il n'est pas rare de s'accoutumer à l'appartenance à une entreprise, à la reconnaissance du métier, voire à une certaine notoriété dans l'opinion, au point que ne plus en disposer équivaudrait à ne plus exister. N'est-ce pas le signe d'une fascination indue pour la réalité, au demeurant aussi contingente que versatile et fantasque, de la réputation ? Le départ à la retraite est l'une des occasions privilégiées de s'apercevoir d'une difficulté plus ou moins grande à se défaire de ces divers biens que le travail procure. On peut souhaiter à chacun qu'il lui soit possible d'en prendre conscience plus tôt. Mais le problème peut s'appréhender autrement. N'est-ce pas plutôt la *survalorisation* du rôle professionnel, par rapport à nos autres fonctions et activités sociales, qui conduit à trop attendre du travail ? Cette question pourra sembler incongrue en contexte de chômage de masse. N'est-ce pas, somme toute, un propos de nanti ? L'on pourrait se demander, au contraire, si le chômage de masse ne constitue pas une incitation à s'investir *à l'excès* dans le travail (ce qui ne signifie pas pour autant que cela soit par vocation).

Une telle prise de conscience critique de la situation est affaire de conversion du regard. Il importe de réinvestir le travail d'attentes qui ne sont pas instrumentales. Dès lors que le monde professionnel ne se réduit pas à une finalité alimentaire au sens large, il peut s'envisager comme l'un des lieux du vivre-ensemble. Sous ce prisme, il est des comportements qui apparaissent contestables parce qu'ils procèdent d'une logique purement utilitaire : déplacer des personnes comme des pions, par exemple, et, plus largement, traiter des humains comme des choses. La conception néolibérale entend faire de la logique qui prévaut aujourd'hui en entreprise un modèle de raisonnement par le calcul applicable en tous domaines. Il y a lieu, au contraire, de réintroduire du non-utilitaire dans la sphère professionnelle. Qui niera que nous ne vivons pas pour être utiles, mais pour vivre, et vivre bien, si possible ? Vivre est à lui-même sa propre finalité. Voilà qui nous semble vrai et peu négociable. Chacun l'éprouve, chacun le sait. Il s'ensuit que renoncer à la quête de certains biens que le travail procure est moins un renoncement qu'une option en faveur d'aspirations plus fondamentales ou, si l'on préfère, *supérieures*. Il en va, somme toute, du simple fait d'aimer la vie.

Capable de résister à une part de soi-même, on se sent alors mieux armé pour résister à la pression de l'environnement. Mais se pose la question de la *manière* de faire. Comment s'y prendre pour s'opposer ? Cela ne peut être qu'en disant « non » au nom d'un « oui » à autre chose qui importe davantage. C'est la nuance que Ricœur apporte au raisonnement de Camus, dans son commentaire sur *L'Homme révolté*. Pour que la négation que la révolte clame et met en actes ne sombre pas dans la pure violence, il faut qu'elle s'élève au nom de l'affirmation du désir de vivre – pour moi et dès lors pour tout homme. Du reste, pour dire vraiment « non », il faut être capable de dire « oui ». Quand je dis « non » dans le monde, c'est parce que je dis « oui » à ma venue au monde.

En même temps, ce « oui » empêche de succomber à un certain grégarisme qui consiste aujourd'hui à un usage tous azimuts du « non ». Nous disons « non » pour un oui ou pour un non, par conformisme ! « Nous disons non à tout, dégoûtés, blasés, fatigués », note ainsi Vincent Delecroix, et c'est ainsi que le non s'annule lui-même. Ce qui importe plutôt, c'est de raviver notre compréhension de la vitalité des contradictions et des oppositions. L'expérience du dissensus est celle de la liberté et de la pensée. Faire taire la contradiction, c'est haïr l'inachevé, donc la vie même. En ce sens, l'unanimisme, culte de l'Un, est mortifère. Pour autant, il ne s'agit pas d'opposer simplement une force à son contraire, mais d'intégrer un « non » à l'intérieur même de notre « non ». C'est le sens de la limite qui, du sein de la révolte, sait suspendre le geste et désarmer la pure puissance, afin de ne pas répliquer dans les mêmes termes, frontalement.

Il y a là de l'habileté mais, plus sûrement, le souci d'honorer le conflit afin qu'il soit *inventif.* C'est la condition pour le conduire vers un mieux, non vers le pire, on s'en souvient. Enfin, renouant avec La Boétie, ajoutons la préoccupation de l'amitié. Le mot serait-il déplacé en contexte professionnel ? Ce serait, dans l'affirmative, avouer l'ampleur de notre problème. Or il est sans doute décisif de ne pas résister isolé et de sortir de la solitude. Pour s'étonner ouvertement, questionner les collègues, confronter expériences et arguments, engager sereinement la discussion. C'est déjà alerter le collectif sur la servitude volontaire qui menace d'y régner sans partage, en affirmant que le travail n'est pas qu'instrumental et qu'il peut avoir d'autres finalités que le chacun pour soi.

Mais cela peut échouer. Alors, avant de se résoudre à quitter son emploi, voire à changer de vie, mieux vaut savoir comment s'y prennent, en pratique, les cadres qui se rebellent. David Courpasson et Françoise Dany ont mené l'enquête auprès de certains d'entre eux. Ces managers expriment un « non » réfléchi – refus d'un ordre, d'une décision, d'un projet – en se situant résolument sur le terrain du raisonnement d'*expert*. Leur positionnement doit, en effet, savoir cultiver l'ambiguïté, de façon à transformer une opposition en une solution créative acceptable. Cela suppose de combiner la critique et le respect de la norme. Il s'agit de faire valoir une contestation qui œuvre pour que la règle conserve une légitimité, pourrait-on dire. Des conditions favorables peuvent, évidemment, faciliter la chose, telles que le fait de représenter soi-même, ou son entité, un enjeu d'importance que la hiérarchie ne peut se permettre de négliger ou de mécontenter. Bénéficier d'un potentiel d'employabilité significatif sur le marché du travail est évidemment de nature à augmenter son propre pouvoir de négociation. Dans certains cas, le refus peut s'appuyer sur le soutien de l'opinion, comme dans le cas des lanceurs d'alerte. Le point essentiel est qu'il ne peut être question d'adopter un comportement rebelle par principe. L'enjeu est plutôt de cohérence et de pertinence. La critique doit se présenter comme un questionnement ouvert sur la légitimité de ce qu'il convient de faire ou de ne pas faire, dans l'intérêt bien compris de l'entreprise. La présenter sous la forme d'un questionnement sur la manière d'accorder son engagement et ses propres valeurs, c'est déjà se risquer à être vu comme préparant sa sortie. Le refus acceptable doit participer des conditions de l'*invention*. Laquelle n'émerge pas à partir de rien, mais consiste à introduire un écart par rapport à la norme collective, c'est-à-dire *en référence* à elle.

*En résumé*

- Aujourd'hui, les contraintes qui pèsent sur l'aspiration à l'autonomie au travail laissent le plus souvent subsister, malgré tout, des marges de manœuvre. Il semble donc en partie possible de les surmonter, même si elles sont faibles.
- Cette perspective peut conduire à supporter des contraintes importantes. Nous sommes prêts à les endurer, car il en va de notre estime de soi.
- Du haut en bas de la hiérarchie, la volonté de bien faire, la quête de reconnaissance et le désir d'appartenance exposent, par intériorisation des normes, au risque de la servitude volontaire.
- Pour Étienne de La Boétie, le poids de la coutume fait oublier la liberté à laquelle nous sommes voués.
- De nos jours, le souci insatiable de consommer attisé par la société peut avoir un effet analogue. En réduisant le travail à un but alimentaire, il fait de lui un simple moyen au service de cette fin. C'est ainsi que les exigences du consommateur que nous sommes oublient les aspirations du producteur que nous sommes aussi.

• Les cadres rebelles agissent avec prudence et diplomatie, formulant toujours leurs critiques en référence à l'intérêt de l'entreprise.

*Pour aller plus loin*
Voir en fin de volume.

# Troisième partie

# Évaluer sous influence

Les chapitres qui suivent s'inscrivent dans le registre du valoir. À ce titre, ils se proposent de prendre du recul par rapport aux manières habituelles de penser, c'est-à-dire d'*évaluer* les situations afin de déterminer ce qu'il y a lieu de faire. Estimer que telle chose est positive ou négative, importante ou négligeable, c'est lui attribuer une *valeur*. Une telle opération convoque la réflexion *éthique*. Dans cet ordre d'idée, on pourrait s'intéresser, par exemple, au prisme de l'*économie*, que notre époque tend si souvent à privilégier pour appréhender les enjeux, négligeant d'autres dimensions. Combien ça coûte et combien ça rapporte ? Telle est la question réflexe que chacun est sommé de se poser. Cela conduit à chiffrer et à calculer, pour mettre en lumière l'intérêt de l'opération. Or, les choses les plus importantes (la beauté, par exemple) ne sont pas nécessairement, ni calculables, ni chiffrables, ni même tendues vers une utilité, y compris dans le contexte du travail. Sans doute en dissolvons-nous le sel en les passant au crible du calcul économique et du raisonnement intéressé.

De même, il serait pertinent de s'interroger sur le rôle attribué à la technique en tant que modalité de résolution de tous les problèmes. L'approche technique, rappelons-le, consiste à appréhender l'action en cherchant à modifier la réalité pour la rendre conforme à nos buts. De la sorte, elle ne s'interroge pas sur la propre posture de l'agent et sa manière d'agir ou de penser. Par exemple, nous disposons aujourd'hui de procédés techniques permettant de provoquer l'orage. Or, il fut un temps où la communauté pratiquait la danse de la pluie. On pourra discuter de l'efficacité de cette seconde possibilité, mais on ne peut contester qu'elle conduit, en cas d'échec, à s'interroger sur soi-même : avons-nous mal dansé ? Trop vite ? Pas assez longtemps ? Cette remise en question personnelle est le commencement de la sagesse. Tandis que son contraire, pour lequel nous optons le plus souvent aujourd'hui, est source de bien des entêtements et aveuglements.

À coup sûr, le parti pris en faveur de l'approche économique ou de la solution technique caractérise la société contemporaine en général et particulièrement le monde du travail. Il constitue l'un des a priori de l'imaginaire social contemporain.

Une troisième thématique possible eût été d'observer, avec Luc Boltanski, que l'idéologie tend actuellement à délaisser les discours, pour se loger dans les biais implicites qui affectent la manière dont sont conçus les outils et, plus largement, les *dispositifs*. C'est le cas, par exemple, des indicateurs permettant de mesurer telle performance ou tel résultat, celui des algorithmes qui sélectionnent l'information sur Internet, ou encore des fonctionnalités que réunit notre téléphone portable. Loin d'être neutres, ces paramètres contiennent et reproduisent, on l'a vu, des visions de la réalité.

On optera cependant pour se situer en amont de ces diverses problématiques, en s'attachant aux *influences* qui affectent nos décisions. Elles conditionnent nos choix à travers *l'humeur* dans laquelle elles nous plongent, qui agit tel un prisme déformant. Évaluer sous influence revient à se déterminer sous l'effet de distorsions du jugement. À cet égard, deux thématiques omniprésentes dans la pratique ordinaire résument bien le milieu – au sens d'un biotope – dans lequel nous évoluons. Elles ne désignent pas, comme la technique ou les dispositifs, un prisme d'analyse. Elles participent plutôt d'un climat qui influe sur l'action. Elles le font dans des conditions qui nous semblent si naturelles qu'elles passent inaperçues en tant que telles. La première est celle de l'*urgence*, appréhendée comme un filtre affectant à bas bruit la capacité de penser et d'imaginer dans l'action. La seconde est la préoccupation du *risque*, qui introduit un biais incitant a priori à appréhender l'horizon de nos décisions sous le jour négatif d'événements indésirables à éviter. Il apparaîtra d'autant plus utile d'aborder successivement ces deux problèmes qu'ils sont, en fait, étroitement liés entre eux et solidaires d'une même vision de l'avenir.

# Chapitre 7

# Agir dans l'urgence

Le monde de la vie quotidienne tout entier est en proie à un phénomène envahissant : l'urgence chronique. Subsistent quelques rares poches de résistance, mais l'on pressent qu'elles seront bientôt résorbées et balayées par une irrésistible accélération. On entend, ici ou là, quelques accents de protestation à l'égard de ce qui, manifestement, malmène l'autonomie dans le travail, dégrade les relations, dissuade la belle ouvrage et entraîne d'importants dégâts psycho logiques, à commencer par un sentiment d'impuissance et d'insuffisance. Néanmoins, ces critiques et ces plaintes ne tardent pas à se résoudre à prendre leur mal en patience, sans doute conscientes de passer pour l'expression d'une nostalgie un rien pathétique, qui trahit une coupable inadaptation à notre époque.

Les développements qui suivent s'attacheront à établir que l'urgence chronique ne se résume pas à des accès d'adrénaline ponctuels ou isolés, mais participe d'une évolution générale. De ce fait, il est donc réducteur d'y voir un problème individuel, celui de tel salarié qu'il faudrait « envoyer se former » dans l'un de ces stages de « gestion du temps », à moins que cette déficience ne soit le symptôme de l'âge, mal plus définitif. L'approche qui voit l'action dans l'urgence comme la sanction d'un manque d'organisation personnelle n'est pas seulement simpliste. Elle est injustement culpabilisatrice. En effet, le problème n'est pas à rechercher de son côté, mais de celui d'un contexte qui est devenu pathogène parce qu'il est lui-même pathologique. Or, la difficulté n'est pas hors de prise ni sans solution, telle une météo qui serait devenue folle. Elle est bel et bien maîtrisable, pour peu que l'on daigne la considérer comme un véritable problème.

Le phénomène a suscité, depuis quelques années, une multitude d'essais. À titre de simples exemples, le philosophe espagnol Daniel Innerarity étudie la « tyrannie du présent » et son homologue français Christophe Bouton « l'urgence généralisée » ; l'historien François Hartog conceptualise le « présentisme » et le politologue Zaki Laïdi analyse le « présent autarcique ». Pour sa part, Tristan Garcia s'interroge sur l'obsession moderne qu'est la « vie intense », tandis que Hartmut Rosa théorise l'« accélération », force motrice et donnée constitutive de notre époque, qu'il qualifie de « modernité tardive ». L'une des ambitions de ce chapitre serait de contribuer autant que possible à ce que cette préoccupation sorte des bibliothèques pour devenir un sujet pris au sérieux en contexte professionnel, milieu dans lequel le problème revêt sans doute la forme la plus aiguë. Les développements qui suivent n'aborderont pas en détail ces différentes approches. Ils s'en tiendront à une unique problématique : suggérer, en entrant en discussion avec Hartmut

Rosa, que le problème de l'accélération n'est pas sans solution.

L'urgence peut se définir comme une situation dans laquelle un délai explicite (« J'attends votre rapport pour demain matin »), un diagnostic porté sur un problème (« Au feu ! »), ou une simple accumulation de sollicitations simultanées (grosse affluence aux caisses du supermarché), impose d'agir en toute hâte. L'urgence objective se communique alors aux acteurs pour prendre la forme subjective d'un sentiment d'urgence, qui suscite une *humeur* particulière.

Hartmut Rosa relève, à cet égard, que la technologie n'est pas en cause dans l'actuelle prolifération de ces situations. Car la technique se présente, en général, comme une solution apportée au problème d'un manque de temps *préalable*. Le philosophe allemand identifie trois « forces motrices » de l'accélération : l'aspiration exacerbée à mener une vie accomplie, la compétition généralisée en tous domaines, enfin la différenciation croissante des rôles sociaux, sous l'aiguillon d'un souci de rationalité et d'efficacité. Envisageons-les successivement, en essayant d'imaginer quelle contre-force pourrait les freiner ou les désamorcer.

### *Les ambiguïtés de l'urgence*

Il ne faut pas voir trop vite dans l'urgence un ennemi qui nous viendrait du dehors. En effet, son apparition ne résulte pas nécessairement d'un fait qui nous est extérieur. Ainsi, le sportif passionné piétine d'impatience en attendant le jour du match. Bien souvent, nous nous engageons dans une activité qui nous est chère avec un sentiment d'urgence. Dans certains cas, l'urgence ne vient pas de nous, mais nous la recherchons. Le goût pour cette expérience intense peut conduire à en faire profession, à l'instar du médecin urgentiste, du trader, du spécialiste de la communication de crise, ou du pompier. En effet, la décharge d'adrénaline qui naît de l'urgence comme de la fréquentation du danger est contemporaine du *sentiment vif d'exister* en se confrontant à ses propres limites, dans un présent saturé. La recherche de la solution immédiate, en « temps réel », est perçue comme stimulante. Elle galvanise les énergies et fait vivre l'expérience de « l'intensité de soi », selon l'expression de Nicole Aubert.

De ce point de vue, elle semble répondre à l'aspiration exacerbée à mener une vie accomplie, que Hartmut Rosa identifie comme l'un des facteurs de l'accélération générale. En Occident, les générations actuelles ne croient plus, globalement, à l'idée d'une vie après la mort. C'est le fait, non seulement du déclin des pratiques religieuses, mais aussi d'une compréhension nouvelle des fins dernières, au sein même de la réflexion théologique. Ainsi chez Rudolf Bultmann. D'où la conviction de ne savoir que trop que le temps nous est compté. L'augmentation de l'espérance de vie ne suffit pas à nous rassurer. Confrontés à la finitude, nous nous activons, par une sorte d'emballement, à mener plusieurs vies en une. C'est sans doute aussi un antidote à la routine d'une existence un peu trop sûre et installée. En ce sens, l'intensification est peut-être la réplique à une recherche de la vraie vie qui porte à désirer toujours plus de la même chose, à défaut de s'ouvrir à l'altérité d'une transcendance. En art, l'intensité esthétique, qui permet de raviver le sens de l'ici et maintenant, a remplacé les canons classiques de la beauté. La comparaison d'une chose à elle-même dans son intensification tend ainsi à se substituer à sa mise en correspondance avec un idéal plus lointain, nombre d'or et autres proportions mathématiques, jadis chères aux pythagoriciens.

Cela étant, il s'avère presque impossible, le soir venu, de raconter en détail une journée survoltée. Car l'urgence *chronique* laisse peu de traces dans la mémoire. Elle implique, en effet, de s'immerger dans un présent absolu. Assez vite, comme en témoigne aujourd'hui les soignants confrontés à l'afflux de patients atteints de covid-19, cette expérience efface le sens de la chronologie. On se souvient tout au plus de ne pas avoir eu « une minute à soi », d'avoir couru en tous sens, de n'avoir pas eu le temps de « se ravoir »… Le temps s'est écoulé à toute vitesse sans entrer en résonance avec le reste de notre vie. Comme ces expressions le suggèrent, le cadre temporel erratique nous coupe de nous-mêmes et de nos attaches mémorielles. Il tend à affaiblir en nous le sentiment d'une progression narrative. La journée ne s'est pas développée comme le récit de notre vie, rythmé par un avant, un pendant et un après. Après coup, il n'y a donc rien de mieux à faire que de l'oublier.

Mais il y a plus. À l'expérience, le geste devient automatique et machinal. Il conduit, par la suite, à augmenter les doses d'urgence, afin de ne pas tomber dans la routine et pour ressentir encore effectivement ce que l'on fait. Si elle se prolonge, cette expérience du temps discontinu, fait d'instants juxtaposés, déshabitue de celle du temps appréhendé comme un déroulement, avec ses hauts et ses bas, selon une respiration alternant plénitude et lenteur, activité et repos, initiative et attente. Le sentiment de vivre intensément peut alors faire ressentir son contraire, le calme, le loisir, comme un temps mort, un vide. L'habitué de l'urgence se trouve ainsi un peu perdu face à l'oisiveté des vacances. Plus radicalement, on peut estimer que le rythme trépidant permet d'évacuer la question du sens en se noyant dans l'immédiateté.

À la réflexion, le sentiment vif d'exister n'est donc pas tout à fait ce que l'urgence procure. Ce serait plutôt le sentiment d'exister *à vif*. Sous ce prisme, vivre dans l'urgence relève moins de l'idéal d'une vie accomplie que d'une logique de *survie*. Pour ceux qui l'apprécient, ce n'est pas le moindre de ses charmes, du reste, que d'être synonyme de mise en danger. Concentrée dans l'effort, la conscience se rétrécit et s'absorbe dans un présent omniprésent. Sans doute peut-on aller jusqu'à l'idée d'une fuite en avant par rapport à la mort. Tout se passe comme si l'instant de l'urgence devait être vécu comme le dernier, comme une immense gorgée avant la fin.

Dans ces conditions, le risque est réel de se fourvoyer en confondant le sentiment vif d'exister avec celui, peut-être plus intense mais moins épanouissant, d'exister à vif. Il arrive aussi que le corps, ou le mental, ou les deux à la fois, réagissent. C'est la dépression : « lenteur forcée » qui réplique à l'accélération imposée, comme la désigne Christophe Bouton. Cet homme pressé qui regardait sa montre, obsédé de ponctualité, qui parlait, mangeait et marchait vite, supportant mal d'être ralenti, cet individu qui exécrait les embouteillages commençait, depuis quelque temps, à se montrer irritable. Le voici maintenant arrêté. Prostré. Posture physique et souffrance morale, la tragédie de ce qu'il vit comme une insuffisance est aussi un drame de la culpabilité.

Mais la capacité de discernement qu'appelle la distinction entre sentiment vif d'exister et sentiment d'exister à vif ne dépend que de notre conscience. Elle est donc tributaire de cet éternel conflit qui oppose en nous lucidité et complaisance. Il n'est pas sûr que nous saurons résister au charme de la facilité. Mais il nous est possible de compter sur l'aide de l'une de nos aspirations les plus chères à l'égard du travail et de l'action en général. En effet, notre accomplissement trouve souvent son miel dans la possibilité de *prendre des initiatives*. Elle procure la satisfaction d'intervenir sur le cours des choses, plutôt que de les subir dans la routine. Or il se trouve que l'urgence dissuade la prise d'initiative. Celle-ci demande préparation, mûrissement et réflexion, alors que l'urgence impose de savoir s'alléger, au contraire, de toute considération trop complexe, pour parer au plus pressé et aller droit au but. Il serait donc souhaitable de résister aux charmes délétères de l'urgence et de se donner la chance de s'extraire du train-train, fût-il accéléré. Revenons en détail sur ce point.

La prise d'initiative tend à ne pas se contenter de réagir au cours des choses, mais à miser sur le présent de l'action pour l'infléchir. Hannah Arendt l'a étudiée de près, dans *Condition de l'homme moderne*, de même que Paul Ricœur, dans divers textes où il prolonge les réflexions de la philosophe germano-américaine. Pour intervenir par une initiative, il s'agit, souligne ce dernier, d'interrompre la fascination que le passé exerce sur nous, en estimant qu'il peut en être autrement. Est-ce ainsi que se passent les choses, d'habitude ? Eh bien, c'est ce que nous allons changer. Commence alors un remue-ménage intérieur qui, s'il n'est souvent qu'à demi conscient, n'en est pas moins intense. C'est en imagination que la décision se prépare, à la faveur d'allers et retours entre notre expérience passée et nos attentes à l'égard de l'avenir. Nous imaginons les formes inédites que peut prendre notre capacité d'agir. Nous spéculons au conditionnel sur les diverses modalités de la phrase « je peux ». Ce faisant, d'un côté nous revisitons nos tentatives antérieures, les succès et les échecs, et les leçons qu'il nous semble pertinent d'en tirer. De l'autre, nous nous projetons dans le futur pour explorer le champ des possibles. S'élaborent ainsi des scénarios successifs, que nous testons mentalement les uns après les autres, afin de déterminer un acte qui nous semble approprié à la fois aux circonstances et à nous-mêmes. Car nous entendons bien assumer ce geste : il s'agit de *notre* initiative. C'est une sorte de pari. Nous assumons que les conditions qui pèsent sur l'action ne constituent pas un système clos, faute de quoi nous nous enfermerions dans un schéma déterministe. Dans ce cas, nous nous disqualifierions en tant qu'agents capables de produire des événements, de faire advenir du neuf.

C'est donc aussi nous-mêmes que nous essayons. Il en va de notre *estime de soi*. Ce que nous estimons en nous-mêmes, c'est d'être capable d'une action qui ne soit pas la simple résultante des habitudes ou d'un contexte. Leur céder nous réduirait à la *nécessité*, si bien que nous ne serions pas une personne libre, mais un être conditionné, un rouage entièrement prévisible, sans initiatives.

Or ce travail de mûrissement suppose de se perdre un tant soit peu dans les dédales de la mémoire et de l'anticipation, ce qui demande du temps. Cela nous préoccupe et nous fait réfléchir, parfois nous réveille la nuit. L'urgence, quant à elle, parce qu'elle nous en empêche, conduit au contraire à éroder le passé, à atrophier le futur et à couper net ces spéculations. L'imminence de l'échéance impose de tout simplifier pour parer au plus pressé. Elle conduit à se méfier des raisonnements trop élaborés ; elle exclut de revisiter l'expérience d'un œil neuf ; elle incite à traiter une chose après l'autre et à reporter à plus tard le souci de l'ultérieur. L'ambition ne sera donc pas d'agir devant l'histoire, mais seulement de sauver la mise. Dans l'urgence, l'important s'évalue sous le prisme ultra-sélectif de l'immédiat. Au terme d'un tri forcément expéditif, le souci d'élaguer ne retient du passé et de l'avenir que leurs deux pointes avancées : hier et demain matin. Tant et si bien que le choix n'est, en définitive, qu'à moitié le nôtre, puisqu'il consiste le plus souvent à privilégier les solutions éprouvées.

Nous voici donc à répéter le passé, alors que nous aspirons à inventer.

Le goût de l'initiative devrait ainsi nous inciter à distinguer un peu mieux entre le sentiment vif d'exister et celui d'exister à vif. Le monde du travail ne devrait pas, pour sa part, en prendre ombrage, dans la mesure où il ne jure, ces temps-ci, que par la nécessité d'innover. Mais si elle peut aider à lutter contre la première des forces motrices de l'accélération mises en lumière par Hartmut Rosa, l'initiative peut simultanément freiner la seconde : la *concurrence*. En contexte de compétition, il est clair qu'il convient d'aller droit au but, sinon c'est le rival qui rafle la mise. Or, l'initiative réussie apporte une assurance qui, si elle ne supprime pas les enjeux de rivalité, atténue la propension à voir en autrui une menace pour soi. Cette attitude rompt avec l'humeur d'une époque qui entretient la confusion entre le fait d'être *performant* et celui d'être *compétitif*. En prenant ses distances avec l'esprit de compétition, elle invite à une forme de sérénité qui raréfie l'urgence. Mon concurrent s'active et se dépêche ? Grand bien lui fasse. Je vais prendre mon temps et nous verrons bien !

Mais il y a plus. S'ensuit, en effet, une attitude un peu moins encline au mimétisme et un peu plus autonome dans ses actes comme dans ses pensées. Il devient possible de *s'étonner* de ce dont plus personne ne s'étonne. Si l'urgence a cessé d'être un événement pour devenir un milieu, il devient peu à peu concevable de s'en *extraire*. Pourquoi donc, en tous domaines, cette temporalité réduite à la stupeur de l'instantané ? Hartmut Rosa qualifie cette expérience d'*aliénation*. Nous sommes, il est vrai, tellement dominés par la liste des choses à faire que nous avons tendance à oublier ce que nous aspirions *surtout* à faire. Nous ne sommes pas devenus fous ; nous avons simplement du mal à tenir nos résolutions. L'urgent évince l'important, comme si nous avions affaire à plus fort que nous. Ne serait-il pas temps de prendre nos distances avec cette autodiscipline qui fait de nous des individus si dociles ? Pourquoi tout attendre du présent et ne rien reporter au lendemain ? Sur cette voie, on rejoint François Hartog, pour qui notre « présentisme » procède d'une *peur du futur*. Certaines époques ont été passéistes, parce qu'elles étaient tournées vers la tradition, qui commande de faire ce qui s'est toujours fait, pour la bonne raison qu'il en est ainsi. D'autres époques ont été futuristes : les actes se justifiaient alors en fonction de ce qu'ils allaient procurer ou permettre dans l'avenir. Ainsi au temps des Trente Glorieuses et du mythe du Progrès. Mais aujourd'hui, le passé semble obsolète, dépassé, incomparable au présent, tant les choses ont changé et ne cessent d'évoluer de plus en plus vite. Quant au futur, il apparaît si incertain, indéterminé, imprévisible que toute promesse à son sujet semble relever d'un pari irresponsable ou fantaisiste. À quoi bon y penser ?

Dans les années 1970 s'est produite une sorte de basculement dans nos expériences du temps. Le Progrès a perdu sa majuscule. Il est subitement devenu impossible de croire que les progrès technique, économique et humain allaient de pair. Le futur semblant se refermer, un présent pressé est venu occuper l'espace laissé vacant. Il est soutenu par le capitalisme néolibéral, qui exige un individu flexible, mobile, jamais en repos, et par les nouvelles technologies de l'information, qui ont démultiplié les possibilités d'interactions en « temps réel ». La publicité n'a pas été en reste, qui nous a promis le meilleur pour tout de suite.

Depuis, se détournant du passé et du futur, notre époque attend à peu près tout du présent, ce qui est manifestement trop lui demander. C'est donc la garantie d'être déçu par lui. De ce fait, nous sommes d'autant plus enclins, par la suite, à traiter le temps comme un problème, voire comme un ennemi. N'est-ce pas ce qui inspire aujourd'hui quantité de fictions envisageant l'avenir sous le visage d'un désastre, d'un cataclysme, voire de la catastrophe terminale ? Il pourrait pourtant être aussi légitime de *compter avec le temps*. Ce serait faire confiance à ce qu'il nous réserve de positif, tantôt comme déroulement et mûrissement, tantôt comme survenance d'une bonne surprise, d'un heureux événement.

Pour l'heure, l'immédiateté des communications que permet la technique favorise des choix d'opportunité instantanés, au détriment d'une logique d'anticipation et de prévision. Nos engagements s'en trouvent plus précaires. Le téléphone portable agit en véritable prolongement de soi, répercutant fidèlement nos humeurs dans ce qu'elles peuvent avoir de versatile. Tel rendez-vous fixé il y a longtemps se voit ainsi décommandé au dernier moment, au motif d'une soudaine urgence. Frêles esquifs dans la tempête, nous sommes secoués par les circonstances autant que par nos impulsions. Il devient difficile de tenir un cap. L'avenir devient d'autant moins prévisible que nous contribuons à le rendre instable par nos propres actes.

Cela assigne, croyons-nous, un surcroît d'importance à notre capacité d'adaptation à l'immédiat, indispensable pour naviguer à vue. De même lorsqu'en entretien, en réunion, en séminaire, chacun ne prête qu'une oreille à l'orateur et plonge de temps à autre le nez sur son smartphone pour répondre à un message. Ce n'est pas l'urgence, mais l'*humeur* de l'urgence, cette sorte de qui-vive permanent, qui fait agir ainsi. Si la réponse est pressée, cela tient moins au sujet qu'à la fragilité du lien de confiance : il faut rassurer par une réaction immédiate. À moins que nous ne fuyions tout bonnement l'ennui. Mais c'est en manifestant la même impatience : après deux minutes de vide, nous sommes déjà partis. Ainsi en va-t-il dans une vie sociale devenue « liquide », pour reprendre la métaphore de Zygmunt Bauman. Rien ne semble durer, tenir ensemble, demeurer en place. Au moment même où les liens s'établissent, on anticipe déjà leur dénouement, si bien que tout fluctue, glisse, se refuse à la prise.

Il nous reste, à présent, à envisager une réplique possible à la troisième force motrice de l'accélération selon Hartmut Rosa : l'anonymat des rôles sociaux. Elle consiste à valoriser la personne, sous la fonction.

### *Agir de proche en proche*

Suivant la manière dont on s'y prend, l'action à plusieurs peut, tantôt espérer prévenir et canaliser l'urgence, tantôt la répercuter en cascade d'un protagoniste à l'autre. En contexte professionnel, il semble possible d'évoluer sans trop de difficulté du second scénario vers le premier, car l'action s'y trouve organisée de façon plus formalisée qu'ailleurs. En effet, le management peut compter à la fois sur la subordination hiérarchique, dans le registre formel, et sur l'influence informelle de l'exemplarité. L'idée est, par ces deux moyens, de se donner du temps en propageant cette résolution du sommet à la base de l'organisation.

Cela requiert, évidemment, une élémentaire *bonne volonté*. D'abord pour qu'au sommet de l'organigramme les dirigeants prennent les devants en faisant leur le souci de canaliser l'urgence et de favoriser entre eux les conditions de la prise d'initiative. Ensuite, pour qu'ils considèrent que ces pratiques ont vocation à ne pas rester le privilège des hautes sphères, mais à s'étendre à l'entreprise ou à l'institution tout entière. Un élémentaire souci de cohérence éthique dicte ce sens de la réciprocité : ce que je tiens pour légitime de m'octroyer doit être légitimement consenti à mes semblables en général. C'est la condition nécessaire pour que chacun puisse à son tour préparer et accomplir des actes qui lui ressemblent et qu'il puisse approuver en conscience. Mieux : cette bonne volonté pourrait se prolonger dans le souci de *ne pas répercuter* sur les équipes les urgences et les tensions vécues au sommet par gros temps.

Quand l'urgence se présente, il faudrait donc préférer au stress et à l'adrénaline le souci de la *gravité* des circonstances, humeur apaisante qui suscite le calme au lieu d'entraîner la surchauffe. Comme le courage tel que nous l'avons envisagé plus haut, la gravité puise à un sentiment d'humilité face au danger qui menace un bien fragile. Or, l'urgence est une situation dans laquelle se cumulent plusieurs fragilités : celle du jugement confronté à la décision, celle de chaque protagoniste agissant sous la pression, celle des personnes concernées par le résultat de l'action, ou encore celle du crédit accordé à l'organisation dont dépend le sort de ces dernières. Ce n'est donc pas le décideur qui se trouve alors menacé, mais une cause qui le dépasse.

Cela semble d'autant plus indispensable que la temporalité participe de ce qui fait la fibre la plus intime du tempérament de chacun. Constitutivement, tel agit spontanément avec rapidité, tandis qu'un autre évolue encore plus vite et un troisième plus lentement. Dans *Poteaux d'angle*, Henri Michaux l'a exprimé sous la forme d'un aphorisme : « Supposons un espace de temps de quinze secondes. Ce n'est pas beaucoup. Si, c'est beaucoup. C'est une bonne norme. La façon d'utiliser ce court espace de temps suffit à faire la différence entre les uns et les autres et pour la vie entière. » C'est le fait, pourrait-on dire, d'une sorte de *rythme de base*, équivalent temporel du métabolisme de base.

Son importance est à réintroduire en management, au profit de la prise en compte des multiples variations de cette grammaire « rythmique ». À quoi bon assigner une mission au long court à qui s'épanouit dans le coup d'éclat instantané ? Qu'espère-t-on à vouloir accélérer la réflexion d'un expert de la rumination lente ? Il serait temps d'admettre que cette variable est importante. Elle implique de mener nos relations professionnelles avec la claire conscience qu'elles ne s'établissent pas qu'entre des rôles sociaux, mais entre des *personnes*. Les relations de travail touchent à leur limite quand elles s'en tiennent à la seule dimension technique. Il en va de la simple efficacité des rapports et des actes, spécialement dans le contexte d'une économie de services, dont la relation humaine est la matière première.

Il en va aussi du respect dû à ceux qui ne sont pas les gagnants de la mondialisation et qui *subissent* le présentisme comme une temporalité violente et disqualifiante. C'est le lot de tous ceux qui survivent, vaille que vaille, en serrant les dents. Le problème concerne au premier chef les professionnels dont l'expérience est marquée par un sentiment d'échec et de difficulté. Nous sommes souvent enclins à surévaluer l'autorité du passé, on l'a dit, en considérant que ce qui s'y est produit *devait* arriver. Comme si un secret déterminisme était à l'œuvre. En cas d'échec passé, ce sentiment dissuade l'initiative, car il rétrécit l'horizon des possibles. À quoi bon tenter à nouveau, si l'insuccès est annoncé ? D'où une attitude dépourvue d'attentes, dont le sens peu à peu s'appauvrit et s'alanguit dans la routine. Les individus qui, au contraire, ont connu la réussite, voire la facilité, nourrissent le sentiment opposé. L'expérience passée leur inspire un surcroît d'attentes. Elle alimente un cercle qu'ils pensent vertueux : le succès appelle le succès, en attendant le triomphe. D'où un activisme et une impatience qui peuvent conduire à rudoyer ceux qui les ralentissent, ces « lents » qui ne sont pas « réactifs » et qui « résistent au changement ». En effet, le parcours des uns et des autres conduit fréquemment à placer les seconds sous la coupe des premiers. C'est alors que la spirale du succès montre sa limite : l'impatience des plus rapides cesse d'être vertueuse dès lors qu'elle brutalise les autres.

En corollaire, un rapport particulièrement critique s'impose à l'égard de l'urgence elle-même, dans le souci de traquer toutes celles qui n'en sont pas et, peu à peu, de les éliminer. Tel est le cas de celles qui ne sont que le masque de l'inquiétude ou de l'impatience. Il en est ainsi de l'instantanéité implicitement attendue des échanges électroniques, dans lesquels il est courant de confondre le techniquement possible et l'humainement souhaitable, notamment en termes de délai de réponse. La puissance des moyens exacerbe les exigences de l'émetteur, au point de malmener la temporalité du récepteur. Pour parler comme Pascal Chabot, il y a là un cas d'inversion du « pacte technique », dans lequel l'utilisateur se trouve placé au service de la technique, au lieu du contraire. Il en résulte un rapport dans lequel les protagonistes se réifient mutuellement, chacun attendant de l'autre qu'il réagisse sans délai, comme une machine. Le phénomène s'aggrave sous l'influence du modèle de la production à flux tendu, qui prévaut le plus souvent dans les échanges de courriels. Les messages impliquant pour leur destinataire une tâche à effectuer (formulaire à compléter, avis à donner sur un texte…) sont rarement annoncés au préalable. Le principe du pilotage de l'activité par l'aval impose cette tâche comme un fait accompli, en l'absence de toute concertation d'amont entre correspondants. Il suffirait pourtant de faire preuve d'un peu de prévenance, au lieu d'externaliser sans reste cette contrainte sur l'autre, sans se soucier de la manière dont il pourra l'intégrer à ce qu'il a à faire. Cela éviterait à l'interlocuteur de se sentir pris par surprise, en défaut et, si l'enjeu lui importe, piégé et discrètement brutalisé. Cette soudaine urgence l'incitera à procéder de même avec ses autres interlocuteurs, prolongeant ainsi le cercle vicieux.

Plus ambitieux, mais tout aussi raisonnable, est le souci de faire reculer l'urgence par un usage mieux maîtrisé de l'anticipation. L'omniprésence de l'urgence tend, en effet, à dissuader la pensée de se projeter dans le futur pour, sinon planifier, du moins *préparer* un tant soit peu l'avenir. Ainsi l'urgence se trouve-t-elle aujourd'hui programmée par imprévoyance. Au nom d'une exigence d'adaptabilité permanente, cela conduit à cantonner les responsabilités stratégiques dans un cercle sans cesse plus restreint, tout en haut de la hiérarchie. Le moment venu, il en émanera l'ordre donné aux exécutants de mettre en œuvre dans les meilleurs délais des changements auxquels ils n'ont pas été associés. D'où un écart grandissant entre les stratèges et les autres, qui ne peut que nuire au climat de confiance et à la cohésion de toute l'organisation.

Ainsi s'amorce un cercle vicieux par lequel on en vient à penser que moins de concertation serait synonyme de plus grande rapidité, mésestimant ainsi l'importance des conditions qui rendent une décision *acceptable*. Mais qui ne voit que le temps « perdu » à échanger en amont peut être « gagné » en aval par l'exécution d'une décision partagée ? Encore n'est-ce là que l'un des multiples apports de la discussion, on s'en souvient. Dans le même ordre d'idée, la confiance, sentiment vulnérable, exige périodiquement d'être réactualisée, ce qui requiert fondamentalement que les protagonistes passent du temps *ensemble*. Sinon, devant leur difficulté à se synchroniser et à se montrer disponibles l'un à l'autre, s'insinuera l'idée qu'ils divergent, voire s'ignorent et, en définitive, qu'ils ne sont pas du même monde.

Achevons ce chapitre sur une note un rien pessimiste. L'hypothèse du cynisme est à considérer : l'urgence peut être un vain prétexte destiné à manipuler et instrumentaliser. Elle présente, en effet, sous ce prisme, l'avantage de cueillir chacun par surprise et, par sidération, de surmonter toute éventuelle opposition. C'est un management par la fuite en avant, mais il existe. Il reste possible, toutefois, de le contester, en fournissant la preuve qu'il est contre-productif. Plus délicate est la question de la gestion à flux tendu, qui mise sur l'urgence et l'organise, comme on l'a vu. S'il est sans doute sous-optimal, en termes d'efficience globale, il demeure, à ce jour, suffisamment rentable, aux yeux des actionnaires, qui privilégient le profit sur le travail bien fait. De façon générale, ces derniers ne sont pas en reste pour manifester leur impatience, imposant la recherche de nouvelles économies ou de marges supplémentaires, à l'improviste, pour tout de suite. Ce n'est pas le cynisme qui les anime, mais un pur et simple présentisme. Ainsi, tout se passe comme si la peur du futur était avant tout, aujourd'hui, une idée de propriétaire. Il y aurait, en quelque sorte, urgence à prendre ses bénéfices tout de suite, comme si le système était sur le point de s'effondrer. Cette impatience impose un déphasage avec le rythme propre au travail humain, qu'elle astreint à faire toujours plus en moins de temps. L'urgence est alors le faux nom de la surcharge. Si vous courez sans cesse à mille tâches, ce n'est pas par manque d'organisation, comme on vous le reproche peut-être, mais simplement parce qu'il y a trop à faire. Le même cynisme s'exerce aussi au détriment des investissements à long terme, en exigeant des rendements à trois mois. Cette logique prédatrice se concrétise, enfin, dans le prélèvement des ressources de la planète à une vitesse plus rapide que celle de leur renouvellement (celui des forêts, par exemple). Mais l'éthique de la pratique ordinaire touche ici à sa limite. Elle ne peut, en effet, que pointer du doigt en direction d'une issue qui n'est pas de son ressort, puisqu'elle est d'ordre politique.

*En résumé*

• L'urgence chronique est une pathologie du phénomène d'accélération générale que connaît notre époque. Elle ne se réduit pas à des questions d'efficacité personnelle : c'est une question de société.

• Les passions sont source d'un sentiment d'urgence qui peut être excitant et stimulant. Mais l'urgence chronique est contre-productive et synonyme d'usure.

• Pour ne pas être dupe des charmes de l'adrénaline, mieux vaut apprendre à faire la différence entre le sentiment vif d'exister et le sentiment d'exister à vif.

- L'urgence chronique dissuade la prise d'initiative, qui demande du temps.
- La prise d'initiative est bienfaisante : elle renforce l'estime de soi.
- Traitez avec des personnes, non avec des fonctions. La collaboration progressera plus lentement, mais elle sera plus fructueuse.
- Chacun entretient avec le temps une relation particulière, un rythme de base qui fait partie de sa fibre la plus intime. Il est aussi important de la respecter chez l'autre que de la faire respecter par l'autre.

*Pour aller plus loin*
Voir en fin de volume.

## Chapitre 8

# L'obsession du risque

À la fin du XVIIᵉ siècle, une nouvelle conception de la guerre se fait jour, avec le développement des armes « savantes » (artillerie, fortifications, génie). Elle attire des militaires d'origines moins aristocratiques que précédemment, des soldats au profil d'ingénieur. Des écrits de l'architecte Vauban attestent qu'il déplore que ces Français entreprenants se lancent impétueusement dans l'action risquée, sans souci de ce qui adviendra et tout à leur désir de se faire remarquer, dans l'espoir de sortir du rang. Selon ses propres termes, il dénonce cette « facilité » des hommes à se risquer, alors qu'aucun *doute* ne travaille leur action. Cette négligence irréfléchie dénote, pour lui, une paresse de la raison. Il estime que l'élan courageux véritable doit s'accorder à la conduite raisonnée, le risque devant être soupesé et mesuré. Il en va du danger auquel on s'expose soi-même comme de celui que l'on fait prendre aux autres. À cette époque, on s'achemine de la sorte vers une représentation de l'action qui relève de la *conduite* personnelle, plutôt que du coup d'éclat de l'*exploit* guerrier. L'engagement dans l'action est à assumer selon une rationalité, un calcul, une évaluation permanente des avantages et des inconvénients liés aux aléas.

Cette préoccupation nous est rapportée par Hélène Vérin, dans une étude portant sur l'histoire de l'idée d'entrepreneur, idée dont elle note qu'elle prend son essor entre le XVI^e et le XVII^e siècle, soit sur une période qui englobe celle à laquelle Vauban écrit. En même temps que la guerre évolue, la figure de l'entrepreneur émerge avec la généralisation de l'emprise de l'argent, qui devient peu à peu l'intermédiaire de toutes les transactions. Ce moyen de paiement homogénéise les termes de l'échange économique en établissant une équivalence entre la production et sa valeur monétaire. Ainsi se déploie une activité rationnelle, qui se concentre sur l'anticipation du prix fixé par le marché et sur les fluctuations de son montant, selon un rapport entre le certain et l'incertain. Entreprendre s'affirme ainsi comme une activité qui transforme le réel en rationnel. Cette opération constitue le fameux *risque* spécifique incombant à l'entrepreneur, qui justifie sa rémunération particulière, différente du salaire versé aux employés. La raison introduit donc de la mesure, dans le sens à la fois d'une modération et d'un calcul.

De la réflexion du militaire expérimenté comme de l'entrepreneur rationnel émerge la notion de risque. Elle ne s'oppose pas au courage, consistant, on s'en souvient, à aller au-devant du danger en toute lucidité, et non par inconscience. Cependant, on ne peut que s'interroger face à l'importance grandissante de la préoccupation du risque à nos yeux d'aujourd'hui, comparativement à celle du courage. On ne donnera que quelques exemples de ce qui relève d'une véritable obsession. Depuis une ou deux décennies, les caméras de surveillance et autres digicodes gardent nos entrées d'immeuble. Des contrôles d'accès sont prévus dans tous les lieux recevant du public. À l'échelle de l'agglomération, des plates-formes numériques sont actuellement en cours d'expérimentation, qui permettent le contrôle simultané de la sécurité, de la mobilité, du stationnement, de l'éclairage public et des réseaux d'énergie, au service d'une « gestion » des populations centralisée sur un unique tableau de bord. Des campagnes de prévention se répandent périodiquement au sujet des accidents de la route, de la grippe, du cancer du sein et de diverses maladies. Il est interdit de fumer dans tous les lieux publics fermés. À la télévision, des programmes courts nous avertissent sur les dangers liés à une alimentation déséquilibrée. La préoccupation du temps qu'il fera est omniprésente dans les médias, sous la forme de fréquents bulletins météo. La circulation automobile donne lieu à limitation de vitesse, au port obligatoire de la ceinture de sécurité, à des contrôles radar, et il est envisagé de brider les moteurs pour ne plus s'en remettre à la bonne volonté des conducteurs. Les activités d'assurance ont pris un essor spectaculaire, dans l'économie nationale comme dans les habitudes courantes, tandis que s'est développée une fonction de « gestion du risque » dans nombre d'entreprises de tous secteurs d'activité. Quant au thème de la sécurité en général, il parade en tête des préoccupations des Français dans la plupart des sondages d'opinion.

Ce constat général se confirme et s'amplifie dans la sphère professionnelle, où le risque en tant que tel fait partie intégrante des consignes, rehaussées dans les épisodes de « crise » par des appels récurrents au principe de précaution. C'est le cas, par exemple, en contexte sanitaire et social (bientraitance), financier (blanchiment), industriel (pollution, etc.), agricole (risque sanitaire), des transports (sûreté des passagers), du tourisme (conditions de sécurité dans l'hôtellerie, par exemple), des loisirs (surveillance de la baignade et du domaine skiable), des spectacles et les lieux recevant du public, sans parler de l'hygiène, des risques psychosociaux et de ceux spécifiquement liés au travail et au trajet, eux-mêmes sous surveillance dans tous les secteurs. Le tout converge pour inspirer une question simple : porté à un tel degré, le souci du risque n'est-il pas en passe de constituer un remède pire que le mal ? Autrement dit, se pourrait-il que la rationalité contemporaine de l'émergence de la notion de risque soit en train de s'inverser en une pure et simple dérive ? On pourrait qualifier cette dernière d'irrationnelle, mais nous aurons à nous demander si elle ne relève pas, en réalité, d'une autre rationalité, qui se serait discrètement substituée à la précédente.

*Le souci du risque, jusqu'où et à quel prix ?*

En bonne logique, le risque n'est pas le danger certain ou quasi certain, tel le fait de se jeter à l'eau si l'on ne sait pas nager. Il suppose un aléa, une éventualité plus ou moins probable que se produise l'événement indésirable. Si je me risque trop près des flammes, je vais me brûler. Mais, en cas d'épidémie, l'aléa est plus insaisissable. Il dépend de la virulence du microbe, de mon comportement, de mes fréquentations… Par ailleurs, je peux être atteint avec plus ou moins de gravité. Le risque est objectif, mais il reste en partie maîtrisable, notamment en tenant compte de facteurs liés aux interdépendances et interactions sociales. Inversement, il est de purs aléas. Au loto, par construction, le risque de perte ne peut être maîtrisé par les joueurs. Tandis qu'au poker, le risque de perdre peut être limité par le culot, le sang-froid, la manière de jouer et de se comporter. Cependant, ce degré de maîtrise reste incertain. D'un jeu à l'autre, il varie en fonction des règles et, bien sûr, du talent du joueur. Cela fait partie du plaisir que l'on trouve à jouer au bridge ou aux échecs : certains affectionnent le risque et les efforts incertains qu'ils entreprennent pour le maîtriser.

Si l'on passe de ces situations un peu abstraites à la pratique ordinaire, une différence apparaît immédiatement. Bien souvent, en effet, on ignore si le risque est un pur aléa ou s'il est un tant soit peu maîtrisable. Dès lors, quel comportement adopter face à lui ? Cela dépend de notre degré de confiance ou de doute en nous-mêmes, en autrui, comme en ce que l'avenir en tant que tel nous réserve. Selon notre propension personnelle, on optera pour une conduite plus ou moins prudente ou aventureuse, réfléchie ou insouciante, opiniâtre ou frivole. En ce domaine comme dans d'autres, notre rapport au futur et au risque qui y sommeille est, bien sûr, tributaire de l'influence que le contexte exerce sur nous. L'époque actuelle consacre désormais la sécurité comme une valeur consensuelle, alors qu'elle constituait une préoccupation conservatrice il y a quelques décennies. Une telle évolution n'est pas sans importance, dans la mesure où mon propre rapport au futur, que j'anticipe comme plus ou moins risqué, a une incidence directe sur mon rapport au risque encouru par *autrui*. Si je suis tétanisé par la peur, je serai d'autant moins disposé à voler au secours de l'autre, fût-il confronté au même risque. Durant le naufrage du *Titanic*, sauf exceptions réelles ou nécessaires à la fiction, les passagers se battent les uns contre les autres pour avoir accès aux canots de sauvetage. En bref : si j'ai trop peur pour moi, je n'aurai pas assez peur *pour* l'autre ; et, bientôt, j'aurai peur *de* l'autre. C'est ainsi que l'épidémie inspire la peur, mais que la peur en vient à faire épidémie.

Notre époque est sécuritaire, c'est entendu, mais, dira-t-on, le risque a changé d'échelle. De nos jours, il se nomme Tchernobyl, Fukushima ou Al-Qaida, il est celui des grands dérèglements climatiques, des dangers menaçants des collectifs entiers, parfois sans limites spatiales ni même temporelles. Certains peuvent avoir une incidence irréversible, à l'échelle de la planète et sur plusieurs générations. Il s'agit donc de risques plus graves, mais aussi plus incertains et plus difficiles à cerner et à anticiper. L'autre nouveauté tient à ce que ces risques sont endogènes, c'est-à-dire provoqués par la société humaine, qu'ils confrontent ainsi à elle-même et à ses propres actes. Cela nous fait obligation collectivement de nous repenser nous-mêmes, comme y invite Ulrich Beck. L'idée serait que les sources du danger ne sont plus dans le fait d'ignorer, mais de savoir. Elles procèdent d'une maîtrise perfectionnée mais insuffisante de la nature. Par suite, le sociologue allemand n'écarte pas l'hypothèse que le risque s'inverse et que « gérer l'insécurité » devienne à son tour source de danger, sous la forme d'un « autoritarisme scientifico-bureaucratique » menant à un « totalitarisme "légitime" de la prévention ». Pour l'heure, ces divers risques sont à l'origine de polémiques et provoquent le discrédit de certaines institutions, au détriment principal des autorités en charge de la sécurité publique.

Un tel contexte explique que le principe de précaution soit aujourd'hui le plus souvent compris en un sens très restrictif. Au pied de la lettre, ce principe autorise à prendre des mesures pour faire face à des risques éventuels, quand on ne dispose pas d'informations scientifiques permettant d'établir leur existence avec certitude. Dans les termes de la charte de l'environnement qui a été annexée en 2005 à la Constitution française de 1958, il prévoit l'adoption de procédures d'évaluation des risques et des mesures provisoires et proportionnées, dans le but de parer à la réalisation d'un dommage, dès lors que celui-ci pourrait affecter l'environnement de manière grave et irréversible. En soi, il ne s'agit donc pas d'un principe d'inaction, de peur et de paralysie. En l'absence de certitudes scientifiques, il ouvre plutôt l'opportunité d'un *débat* démocratique pour décider du risque *acceptable*. Il a néanmoins été interprété par les médias, les responsables politiques et l'opinion en général dans le sens d'une sécurité maximale. Il en résulte que le principe de précaution tétanise, en pratique, l'action et la réflexion, au lieu de faciliter la prise de recul et la discussion sur le fond.

Cette interprétation peut se comprendre en la resituant dans la logique d'une société *assurantielle*. L'assurance est une technique de mutualisation entre des individus ou des institutions ayant souscrit un contrat, dont les tarifs sont fonction de la probabilité mathématique que le risque concerné se réalise. Quand c'est le cas, le dommage appelle réparation, le plus souvent en termes monétaires. Le risque est donc, en quelque sorte, *réversible*, en vertu d'une logique d'*équivalence* entre le mal subi et le montant de l'indemnisation. Cela tend à faire perdre de vue qu'un mal puisse être irréparable ou, en termes temporels, irréversible. En conséquence, il devient de moins en moins pensable et supportable qu'il puisse subsister, parfois, un mal tout simplement *absurde*. Il est donc exigé un risque zéro, une sécurité sans faille, sans reste, qui n'est qu'une illusion. Cela se dit et chacun le sait, mais rien n'y fait : le risque zéro reste la norme. C'est le fait d'une société où tous les comptes sont censés tomber juste, en sorte que les protagonistes de tous les échanges soient tenus pour quittes. En contexte marchand, cela s'obtient par convention, par la non-prise en compte dans le prix des effets des échanges sur les tiers (effets que les économistes appellent les « externalités »). Dans la réalité, cela ne peut s'obtenir, mais il semble qu'une telle situation dépasse l'acceptable et le pensable.

Le risque étant mutualisé, la logique assurantielle a pour corollaire qu'il ne faut pas en abuser, faute de quoi je compromets l'intérêt des autres assurés. C'est pourquoi des campagnes de communication m'incitent, à titre préventif, à adopter les comportements qui correspondent aux « bons risques » au vu des statistiques, c'est-à-dire aux souscripteurs ne subissant pas ou peu de sinistres. On incite ainsi à l'autosurveillance, notamment par l'entremise d'objets connectés, dans le but de favoriser une normalisation des conduites au profit de comportements « sans risque ».

La surveillance – ou plus exactement le contrôle, selon la nuance introduite par Frédéric Gros – a pour autre conséquence la *traçabilité*. Tout est enregistré pour toujours. Il n'y a plus de secret, plus de doute, plus d'oubli : tout est sûr. Dans le même temps, la délégation de cette « gestion du risque » à des machines nous déshabituerait, si elle continuait de se développer, d'apprécier le risque par nous-mêmes et d'éprouver personnellement ce que nous faisons. A-t-on besoin de connaître ses pulsations cardiaques en consultant sa montre pour savoir que l'on vient d'accomplir un effort excessif ? Nous répondons aujourd'hui plutôt par la négative. Mais, aussi bien, cette capacité élémentaire de se connaître soi-même pourrait, comme n'importe quelle compétence, se perdre plus facilement qu'il n'y paraît. La logique assurantielle dans ses prolongements préventifs favorise ainsi un état infantilisant des populations assurées, qu'elle domine par la douceur. Le modèle de l'entrepreneur avisé que nous évoquions au début de ce chapitre, cet homme qui assume le risque de transformer le réel en rationnel, se répercute ainsi sur tout un chacun, considéré comme le gestionnaire éclairé (par la machine) de sa santé, de son alimentation, de son travail, de ses activités. Outre le retour du despotisme doux selon Tocqueville, que nous avons rencontré à propos de la servitude volontaire, nous assistons ici à la fin de la *solidarité*. Car, en bonne logique, le « mauvais gestionnaire » ne peut s'en prendre qu'à lui-même. À ce titre, il est voué à se faire radier, en tant que « mauvais risque », par l'assureur. Mais cette situation inquiète peu aujourd'hui, car elle s'inscrit en cohérence avec le souci général des approches curatives qu'on observe dans des domaines tels que l'alimentation (les produits qui « soignent »), les loisirs (cures thermales, jogging, pèlerinages) ou encore les lectures (voir l'essor en librairie du rayon des ouvrages de « développement personnel »). Un peu comme si vivre était devenu une maladie. Encore convient-il d'essayer de comprendre ce qui peut inspirer cette étrange idée et la porter à se répandre.

### *Contingence et modernité*

Il est devenu banal de constater que dans les sociétés modernes, la différenciation croissante des différents systèmes (politique, administratif, économique, religieux…) qui les composent se traduit par de la complexité. Celle-ci conduit chacun à sélectionner les informations pertinentes, en opérant des choix qui, parce qu'ils sont tributaires de différents biais, sont source d'erreurs et d'aléas. À ce titre, ils sont facteurs de contingence. Pour Niklas Luhmann, la contingence – c'est-à-dire tout ce qui n'est ni nécessaire ni impossible, donc tout ce qui pourrait être autrement qu'il n'est – constitue l'un des traits les plus marquants du monde moderne. Il est indissociable d'un risque lié aux conséquences de nos choix. C'est pourquoi, de plus en plus de situations étant lues comme les conséquences de décisions, la société moderne se vit comme une société à risque. L'insuffisance de l'information nécessite donc une confiance particulière dans le système, de façon à réduire l'appréhension du risque.

Cela a pour conséquence pratique le souci d'entretenir et de renforcer la confiance. Mais l'on se fourvoie si l'on pense y parvenir par davantage de contrôle, de traçabilité et de transparence. En effet, on ne pourra en attendre que de la *reliance*, anglicisme construit sur le verbe *to rely*, qui signifie compter sur, s'en remettre à quelqu'un ou quelque chose. Il s'agit, à ce stade, de vérifier si la personne, la chose ou l'institution est fiable. Mais la confiance véritable est autre chose, car elle s'accommode parfaitement de l'opacité. On peut même dire qu'elle la réclame. Car elle fait confiance, voilà tout ! Dans une relation de confiance, il est parfaitement déplacé de contrôler à chaque instant en fourrant son nez partout : ce serait la preuve même que la confiance n'est pas au rendez-vous. Le passage de la reliance à la confiance suppose au contraire de *renoncer* à vérifier. Il s'ensuit, d'une part, que le contrôle n'est pas de nature à produire la confiance et que, d'autre part, celle-ci nécessite au contraire une forme de lâcher-prise, qui requiert un minimum de *confiance en soi* pour accepter la contingence malgré tout.

Nous sommes ainsi conduits à nous intéresser, après les travaux de Niklas Luhmann, à ceux d'Anthony Giddens. Selon le sociologue britannique, l'expérience de la vie moderne est, en effet, celle de la mobilité, du déplacement, des échanges à distance, de l'anonymat, du caractère mouvant et incertains des relations sociales. Toutes choses qui nécessitent de la confiance en soi pour procurer un sentiment de sécurité ontologique permettant de faire face à l'éloignement des autres. La perte de sécurité ontologique est un sentiment étudié par Erik Erikson chez le petit enfant en l'absence de la mère. La confiance en soi de l'enfant lui permet de tolérer cette absence. Elle sera prolongée tout au long de la vie par le caractère routinier des pratiques sociales, solution qui permet de se donner des points de repère. Dès lors, l'autonomie de l'individu tiendra à sa capacité à élargir cette sécurité de base à d'autres situations et à d'autres personnes éloignées de son expérience immédiate. C'est le rôle de l'adaptabilité et de la sociabilité. Pour autant, il ne suffit pas. La confiance en soi doit pouvoir s'étayer sur autre chose encore. Ce sont les gages symboliques qu'apportent les « systèmes abstraits » dont parle Giddens, tels les hôpitaux, les compagnies d'aviation ou les banques, par exemple. C'est le rôle des labels, des normes et de tout ce qui nous fournit de l'information sur la sécurité de ces systèmes. Mais ils ne peuvent apporter que la confiance qu'inspirent des statistiques. D'où l'importance complémentaire des « points d'accès », par lesquels les systèmes abstraits se donnent visage humain sous la forme de l'hôtesse d'accueil qui nous reçoit en souriant. Aussi intenses soient-elles, les relations à distance ne suffisent pas non plus, car la relation et la confiance demandent à être actualisées de loin en loin. Périodiquement, il est nécessaire de se sentir les uns les autres. D'où, à l'heure d'Internet, la persistance des congrès, des sommets et autres événements organisant la rencontre physique entre des personnes qui ne peuvent s'en tenir aux relations par téléphone ou par courriels. Pour parachever le tout, l'expérience intime de la relation interpersonnelle d'amitiés ou d'amour se voit attribuer un surcroît d'importance, car elle seule peut contrebalancer par des relations « pures », faites de loyauté et d'authenticité, l'engagement dans un monde extérieur impersonnel. Mais – il faut y insister, après Giddens – n'en subsiste pas moins une tension *irréductible* entre confiance et risque dans le monde contemporain.

Dans *Grammaire de la multitude*, Paolo Virno permet de prolonger cette analyse dans le sens d'une aggravation de ce constat. Il observe, en effet, que la frontière est aujourd'hui devenue poreuse entre ces deux sentiments que sont la peur et l'angoisse. La peur est due à un danger précis, tandis que l'angoisse tient à une incertitude plus profonde, qui concerne l'incertitude de notre rapport au monde lui-même. En ce sens, l'angoisse naît du sentiment – imaginaire ou non – de s'éloigner d'une communauté d'appartenance, ce qui est perçu comme étant synonyme de perte, d'abandon, d'absurde, de déréliction. Or il se trouve que la réalité des organisations de travail contemporaines les rend beaucoup plus perméables à leur environnement. Leurs frontières n'ont jamais été aussi poreuses, à la fois du fait des contraintes de la concurrence, de l'omniprésence du client en leur sein (par téléphone, sous forme de file d'attente, etc.), ou encore des échanges incessants rendus possibles par les technologies numériques. Le cadre de travail n'est donc plus isolé. Pour le travailleur, il n'est plus contenant et protecteur. Chacun en est conscient, sachant que

« l'extérieur » peut faire irruption d'une manière ou d'une autre à tout instant. Cette situation prend place elle-même dans un contexte mondialisé dans lequel les médias font caisse de résonance pour mettre en scène les répercussions planétaires du moindre événement. Dès lors que disparaît la frontière entre un « dedans » habituel et un « dehors » perçu comme hostile, la peur se teinte immédiatement d'une angoisse indéterminée. « La peur est toujours angoissée », écrit Virno en ce sens. La désorientation est aussitôt générale. Car elle communique de plain-pied avec un monde dans lequel les effets du danger – crise économique, pollution, épidémies, migrations, etc. – se propagent potentiellement à l'infini. Tant et si bien que la recherche de protection en vient à *précéder* la crainte à l'égard du danger. Cela se traduit par la quête de grands protecteurs, le cynisme carriériste, la xénophobie...

Le problème, cependant, est que *les solutions communément apportées aujourd'hui pour tenter de remédier à la fragilisation du sentiment de sécurité de base ne préparent pas à faire face au risque*. Reprenant les distinctions proposées par Frédéric Gros, examinons successivement les différents sens que revêt le mot « sécurité » et la manière contemporaine de l'affronter. Une première acception du terme se rapporte à un état d'esprit, c'est-à-dire aux espoirs et aux craintes placées en l'avenir. La littérature de développement personnel invite le plus souvent à (re)trouver une forme de sérénité selon des approches d'inspiration vaguement stoïcienne (ou bouddhiste). Elles consistent à décaper la réalité de la couche de nos émotions, pour se défaire des affects, ou bien à relativiser nos désirs en se souvenant que nous sommes mortels et que les biens sont périssables. Sans doute parce que nous avons plus de mal à y croire désormais, deux autres « techniques » proposées par les penseurs stoïciens sont moins usitées aujourd'hui. L'une consiste à anticiper le pire en imagination, pour voir qu'en définitive on n'en meurt pas et se préparer, de la sorte, à agir sans crainte. L'autre tend à vivre sa vie comme on joue un rôle de théâtre, avec recul et panache, et à assumer ainsi du mieux possible son destin. Si l'on en revient aux deux précédentes, on constate qu'elles invitent à un apprentissage qui tend à se désengager de son corps, de sa vie individuelle comme de la société. Il s'agit d'une tentative pour se retirer mentalement du monde par un surcroît de distanciation. Cela revient à privilégier le doute et le soupçon, plutôt que de privilégier la confiance et l'appartenance au monde.

Un deuxième sens de la sécurité se rapporte au déroulement d'un processus. C'est le cas de la sécurité alimentaire, sanitaire ou informatique, par exemple. Des dispositifs de protection, de contrôle et de régulation centrés sur la sécurisation de la vie de l'individu doivent être en place et assurer la continuité des processus. On retrouve ici l'importance du caractère routinier des pratiques sociales nécessaires à l'entretien du sentiment de sécurité ontologique tel que mis en exergue par Giddens à la suite d'Erikson. En effet, au-delà de la préservation de l'intégrité de la personne, c'est la *continuité* en tant que telle qui constitue aujourd'hui une préoccupation primordiale. Il devient de plus en plus insupportable et inconcevable que le déroulement d'un processus quel qu'il soit connaisse une panne et soit interrompu. Il en est ainsi d'une rupture de stock dans un magasin, d'un train qui arrive en retard, d'une grève, voire d'un service qui ne fonctionne pas en continu, jour et nuit, sept jours sur sept. Indépendamment même des conséquences pratiques, la discontinuité est vécue comme une aberration et un scandale. C'est sans doute le fait d'un phénomène de l'ordre du maternage qui nous désapprend à tolérer l'imprévu, l'inattendu, l'absence, donc l'incertain et le discontinu. Dans ces conditions, le risque se loge partout. Car il tend à s'identifier à l'événement, devenu indésirable presque par définition.

Dans un troisième sens, la sécurité correspond à l'absence de danger, au risque zéro. Cette attente, on l'a dit, procède d'un déni de réalité. Elle conduit à se tourner vers une solution miracle promise par la technique. Nul problème qui ne se règle par une astuce informatique, une nouvelle procédure, ou une bonne campagne de communication. C'est un nouveau déni puisqu'il n'existe pas davantage de système fiable à cent pour cent. Dit autrement : à partir du moment où il y a de la liberté – et de la contingence –, il y a nécessairement de l'imprévisible et donc du risque. En définitive, le danger que recèle une telle approche est de conduire à *préférer l'absence de liberté*, au nom d'une illusoire absence de risques. C'est là une assez bonne définition de la servitude volontaire.

Une voie plus inventive et constructive semblerait plutôt d'apprendre à surmonter la déception, en travaillant sur la perte des objets et sur le remaniement des idéaux déçus. Il n'est pas impossible que la technolâtrie soit l'expression d'une difficulté à consentir à mener ce travail de deuil. Il y aurait pourtant beaucoup à faire en ce sens, dans la mesure où la société contemporaine vit une double crise : la perte des certitudes rassurantes de la tradition et celle de l'optimisme triomphant de la modernité, dont la société du risque est la preuve. Envisager les problèmes en termes de risque est peut-être le fait d'une époque atteinte de mélancolie.

*Se risquer autrement*

Le risque, en définitive, c'est la distance à franchir entre le projet et sa réalisation. Cet intervalle est synonyme d'aléa et d'incertitude. Il peut expliquer la « préférence pour le présent » qui conduit à choisir de consommer, plutôt que de mettre de côté ses disponibilités pour plus tard. Dans la théorie économique, l'entrepreneur se rémunère de la prise de risque par le profit. Cependant, ce dernier n'explique pas véritablement l'existence du premier. Pourquoi opter, après tout, pour cette voie risquée ? C'est sans doute que l'entrepreneur *se* mesure en se confrontant au risque. La résistance du réel est d'ailleurs ce qui peut lui arriver de mieux, sans quoi il pourrait bien se perdre dans la volonté de toute-puissance. Vu sous cet angle, *le risque, c'est l'Autre*.

On peut relever un constat semblable dans le domaine des sports de l'extrême qu'étudie David Le Breton. Ces activités connaissent un succès croissant depuis les années 1970. Dans ce cadre, l'individu « cherche ses marques » dans l'affrontement physique au monde, comme pour tenir en main un réel qui lui échappe. « Les limites de fait prennent la place des limites de sens qui ne parviennent plus à s'instaurer », note le sociologue. En ce sens, les aventuriers et les sportifs de l'extrême testent la valeur de leur existence en se confrontant à ce qui leur résiste.

Par contraste, on serait conduit à envisager plutôt le risque « à partir de la vie et non de la mort », comme y invite Anne Dufourmantelle. À l'opposé d'une société qui nous inviterait à mourir de notre vivant sous les formes du renoncement, du conformisme, du consumérisme ou du productivisme, il s'agirait de *risquer sa vie* en tentant de la vivre vraiment. Au-delà de cette quête, qui est comme une question posée à chacun, le fait que nos choix sont risqués ajoute à leur valeur, de même que la fragilité de l'existence fait partie de son prix. Si nous avions la possibilité de vivre plusieurs vies, l'existence serait sans doute insupportable, spécialement dans sa dimension sociale. Nous rencontrerions des individus convaincus de détenir un savoir sur ce qu'est vivre, expérience à l'appui, avec un dogmatisme encore plus prononcé que ceux que nous rencontrons parfois aujourd'hui. Ils nous expliqueraient l'existence avec assurance. Alors que risquer sa vie est ce qu'il y a de mieux : un acte qui nous devance dans l'inconnu, à partir d'un savoir pas encore connu de nous, ni d'ailleurs de quiconque. Anne Dufourmantelle voit dans ce saut « comme une prophétie intime ; le moment d'une conversion ». Il est à noter que le risque ne détermine pas seulement l'avenir, mais aussi le passé, dans lequel il révèle rétrospectivement une réserve insoupçonnée de liberté. La prise de risque empêche notre passé de se fixer. Elle désarme la répétition et inaugure un temps *autre*.

Nous l'avons rencontré avec la prise d'initiative, au chapitre précédent.

Mais comprenons-nous bien. Ce saut dans l'inconnu n'est pas un saut dans le vide. Il existe, en effet, non pas une, mais deux modalités d'anticipation de l'avenir. L'une est la *prévision*, qui suppose ou postule l'existence de régularités constitutives d'un savoir sur l'avenir, lequel peut ainsi être anticipé. L'autre est l'*attente*, capacité d'inférer des normes qui relève de la règle, et non de la régularité statistique. En tant qu'humains, nous n'évoluons pas uniquement dans un monde objectif intelligible en termes de probabilités quantifiables. Notre action s'inscrit dans le tissu des mœurs, forme que les humains donnent à leur vie commune sur le mode de règles concernant ce qui se fait ou ne se fait pas. Cela permet aux échanges d'être intelligibles, sinon entièrement prévisibles. Car il coexiste ainsi de l'ordre et du désordre, de l'accepté et du transgressé, du formel et de l'informel, du sensé et de l'insensé. En même temps qu'à l'incertitude, ce tissu expose à l'ouverture, au possible. Mais il permet à chacun de savoir ce qui est attendu de lui. Pouvoir dire « je m'attends à », c'est participer d'une société. Celle-ci renvoie à un jeu institué non déterministe, ouvert à la création personnelle. Nous ne sommes pas contraints par la règle comme une machine dévale sur des rails. La règle n'est pas la *cause* de notre action, mais une *raison* d'agir. Cela suppose une éducation, une socialisation et aussi la volonté de s'en servir. C'est ainsi qu'individu et société sont liés. L'avenir est déterminé logiquement, mais non causalement. Notre comportement relève ainsi, non du signal tel que les animaux en émettent, mais du signe, qui appelle interprétation de ses significations. Quand la prévision n'est pas possible, faute de régularités statistiques, il demeure cette capacité d'agir à partir dc normes, c'est-à-dire selon des références d'ordre *éthique*. Au lieu que le risque lié à l'imprévisibilité soit vécu comme une panne de sens et peut-être un scandale intellectuel, il peut être vu comme l'occasion de se risquer soi-même pour agir, *en dépit* de l'incertitude.

Un autre regard porté sur le risque permet dès lors de l'appréhender différemment, en pratique. Au lieu de chercher à savoir et vérifier, de contrôler et soupçonner, voire de se désoler ou de se scandaliser d'être mal informé, il devient loisible d'*agir*. Cela se peut par une action dans l'incertitude, qui s'attache à contribuer à réduire l'imprévisibilité. C'est le rôle de la *promesse* chez Hannah Arendt : il nous est possible de prendre des engagements et de les tenir. De même pouvons-nous agir en regardant devant, vers l'avenir, et non derrière, vers le passé des régularités statistiques. C'est le rôle du *pardon*, réplique inventive à l'irréversible, chez la philosophe. Il répond à la faute commise en déliant son auteur de sa dette, pour l'inviter à se réengager dans l'échange autrement.

Dans ce sillage, il est possible d'agir avec une plus grande bienveillance pour l'erreur. Elle permettrait d'apprendre de l'expérience au lieu de la condamner sans appel. Cette forme de clémence envers nos décisions inviterait à les considérer autrement : comme une tentative, et non comme un destin. Contingentes, elles sont sans doute risquées, mais elles n'ont pas à se vouloir définitives. Il sera toujours possible de les réexaminer et de les réajuster par la suite, expérience faite. Ce serait, non seulement une élémentaire modestie, mais aussi une forme de sagesse qui, en allégeant le poids de la décision, rendrait nos choix plus sereins. Le législateur le pratique lorsqu'il adopte des lois à titre *expérimental*. Enfin, s'autoriser à agir au lieu de rester immobile, inhibé par la peur, peut découler d'un regard *critique* sur nos propres craintes. Si la sécurité de nos biens nous obsède, ne serait-ce pas, somme toute, que nous en avons trop ? Ne se pourrait-il pas que l'aspiration à vivre *de* ces biens nous retienne à l'excès auprès d'eux ? Il ne serait pas à exclure, alors, que cela nous empêche de vivre *avec* les autres, en acceptant la part de risque que cela suppose. La « bonne » gestion des choses ne peut pourvoir à elle seule aux aspirations de la société des hommes. Parfois même, elle s'y oppose.

Autrement dit, il serait temps de débattre enfin de la question de savoir de quel *bien* ce mal qu'est le risque est l'envers. À force de prévention, de contrôle et d'assurances contre l'aléa, on ne sait trop ce que nous redoutons de perdre, en définitive. Il est probable que l'obsession du risque exprime celle des *besoins*. Mais il serait autrement constructif de parvenir à nommer ce qu'ils obturent, à savoir nos *désirs*. De même, prendre soin de nos *relations* permettrait sans doute de nous satisfaire d'un peu moins de *protection*. Enfin, nous fier un peu plus à nos *attentes* et à nos capacités à supporter qu'elles puissent être déçues apaiserait opportunément notre appétit de *certitudes*. Sur ces différents points, la discussion ne serait pas simple. Mais elle nous mettrait en quête de ce qui, sans doute, nous manque le plus : la formulation d'un fondement positif au lien social.

*En résumé*

• Le risque, c'est l'aléa : l'écart entre nos projets et leur réalisation future.

• Les techniques d'assurance accréditent l'illusion que le risque pourrait être entièrement réparé, résorbé, annulé.

• Le principe de précaution, généralement compris comme une incitation à ne pas agir, implique en réalité de débattre pour s'accorder sur le risque acceptable, quand la science ne permet pas de trancher.

• Les pannes, les grèves, les ruptures de stock, les interruptions de toutes natures nous semblent insupportables, car elles ébranlent notre confiance élémentaire dans le monde.

• Pour y remédier, nous serions prêts à recourir aux techniques les plus sûres pour organiser la prévention, le contrôle et la répression. Mais ce serait préférer de ne pas être libre, plutôt que d'être exposé au risque.

• Face aux aléas, il est possible d'agir, par la promesse, source de tous nos engagements.

• Face à l'irréparable, pardonner à la malchance permet de ne pas vivre en victime du « destin » et de prendre de nouveaux départs.

• Saurions-nous indiquer clairement quel est, pour nous, l'idéal désirable dont le risque est l'envers ?

*Pour aller plus loin*
Voir en fin de volume.

## Chapitre 9

# Écouter

S'insinue ici un écueil fréquent, dans la pratique professionnelle et la vie courante, que l'on rencontre souvent sans s'en aviser. C'est celui de l'écoute maladroite et des dégâts, trop ignorés, qu'elle occasionne. Le fait s'explique aisément. Nous évoluons dans un monde qui valorise la prise de parole. Pour peu qu'ils fassent preuve d'un minimum de talent, le tribun, l'avocat, le comédien, le dirigeant suscitent l'admiration et l'envie. À l'heure du déclin annoncé de tous les magistères, l'orateur éloquent continue d'aimanter les regards. Alors que la parole influence et que son pouvoir fascine, l'écoute passe, au contraire, pour une attitude simplement passive, neutre, sans charisme. Il y a plus. Chez les débatteurs aguerris, un savoir-faire presque obligé consiste à interrompre sans ménagement l'interlocuteur. Tant et si bien que, bientôt, chacun s'époumone et plus personne n'écoute personne.

Prendre le risque de comprendre l'autre serait-il désormais réservé aux professionnels de l'écoute ? Ces psychologues, psychanalystes, médecins et autres coachs, que l'on paie pour cela. Soyons juste et gageons que cela se pratique aussi gratuitement, entre amis, entre collègues, voire entre inconnus. Ces situations sont rares, dans un monde trop pressé. Dans le vacarme des dogmatismes qui s'affrontent, l'écoute détone par son silence. Elle signale une ouverture qui est une force. Elle relève d'un art difficile qui demande un véritable talent. C'est pourquoi il semble important de s'attarder sur ce moment décisif qu'est la réception d'une parole dans l'écoute respectueuse. Décisif est bien le mot, car il peut s'y jouer des choses capitales. On ne s'y arrêtera qu'un instant, pour alerter sur une défaite – celle de la *disponibilité* – à l'origine de maints gâchis, souvent passés inaperçus. Car, pour le moins, une mauvaise écoute a pour effet dévastateur d'instiller, par contrecoup, la méfiance chez l'interlocuteur. Elle sème le doute sur l'engagement dans la relation et, potentiellement, sur le sentiment de considération qui s'y attache.

En contexte professionnel, les situations d'écoute sont multiples : entretien d'évaluation, de recrutement, réunion d'équipe… Il peut se présenter aussi des moments capitaux entre deux portes, dans l'ascenseur, ou devant la machine à café. Un respect minimal suppose une écoute attentive, soucieuse d'interpréter les paroles prononcées le mieux possible. Il y faut l'application d'un amateur admirant un tissu aux motifs subtils et entrelacés, dont la trame superpose elle-même plusieurs épaisseurs. Alors que l'écoute distraite se tient en surface. Elle se contente du oui qui vient d'être prononcé, sans interroger le soupçon d'hésitation qui l'accompagnait. Elle ignore donc si ce oui en est vraiment un, ou s'il recouvre des craintes, une objection, une autre idée, parfois les traces d'un conflit ancien qui retient l'interlocuteur au bord de la conversation. Il faudrait prêter l'oreille à ce qui est dit dans ce qui est dit : l'implicite, le second degré, les allusions, les arrière-pensées, les non-dits… Cela demande d'être suffisamment patient et curieux. S'exprimer est difficile : on ne trouve pas ses mots du premier coup. Mais l'interlocuteur peut y aider, y inviter. Parler soulage et clarifie les idées, en suscite de nouvelles qui, peu à peu, s'envolent, comme libérées. Pourquoi s'en priver ?

Cette subtile alchimie ne s'actionne pas à volonté. Avec l'art et la manière, il faut ménager les conditions d'un cheminement. Écouter demande à la fois d'être bien présent, chaleureux et accueillant, et de se faire discret quand s'énonce une parole difficile, un trouble, une gêne. Passer à côté de ces subtilités n'est pas seulement synonyme d'information manquée, mais de relation abîmée. Se sentant mal écouté, l'interlocuteur en retire la frustration d'un manque de reconnaissance. Il attendait une aide, un conseil, mais il repart bredouille en maugréant *in petto* contre un simulacre d'entretien. L'occasion d'y remédier ne se présentera peut-être pas de sitôt.

Le parcours qu'une parole doit accomplir pour atteindre l'interlocuteur est hérissé d'obstacles. Il y a cet écran qui occupe le coin de la table et d'où seule émerge la tête de votre vis-à-vis. Il y a ce téléphone qui sonne, interrompant sans cesse la conversation. Il y a l'impatience de celui qui vous somme, d'un œil noir, d'aller au fait, comme s'il pouvait savoir d'avance ce qui est important. Il coche des cases, instruisant son propre raisonnement sans vous suivre dans le vôtre.

Écouter pour de bon implique de s'intéresser à l'autre comme à un autre, ce qui rend inévitable de ne pas se comprendre tout de suite. Ne pas hésiter alors, sans impatience, à questionner, à reformuler posément, pour vérifier et relancer. L'écoute active consiste à renvoyer doucement l'interlocuteur à ses propres mots, comme autant de points d'appui pour l'aider à continuer. Se tenir ni trop près ni trop loin. Et quand l'échange est à flot, savoir aussi, au besoin, le canaliser. Par exemple, en empêchant de « trop en dire » : tel aveu qui n'a pas sa place en ces lieux et que son auteur pourrait ensuite regretter, il vous revient de l'éconduire.

Écouter pour de bon s'accompagne d'une prise de risque liée au fait de sortir de soi. Une discrète mise en danger consiste à quitter son propre rythme pour s'ajuster à l'autre et à mettre ses préoccupations en sourdine pour décentrer son attention. Se laisser mentalement dépayser peut être une expérience agréable comme des plus déstabilisantes. Ainsi, quand elle suscite l'inconfort d'éprouver ses propres peurs, ravivées par ce qui se dit. Il est alors tentant de se refermer comme une huître et d'imposer brutalement le silence, faute de savoir mettre ses sentiments à distance. La parade demande d'être ajusté : ni trop distancié ni trop impliqué. C'est l'authenticité contrôlée. L'écoute attentive s'apprend, se travaille et s'exerce. Aussi difficile que ce soit, elle s'efforce de ne pas juger ce qu'elle entend. Sans quoi, la parole se tarit. À moins qu'elle ne se transforme en robinet d'eau tiède, sacrifiant le fond du propos au simple respect des convenances.

Le mot magique concernant l'écoute est empathie : ressentir l'autre comme du dedans de soi-même. Cela suppose de le percevoir avec acuité et d'orienter sciemment son attention en ce sens, réceptif au message comme aux manifestations non verbales. Il s'agit de recueillir en situation la parole d'une personne dans ce qu'elle a d'unique. L'empathie n'est pas la sympathie, qui est l'attention à ce que ressent l'autre. L'empathie consiste à ressentir *comme* l'autre. Elle rend poreuse la frontière entre moi et autrui. Le moi est *élargi* à l'autre, reconnu comme différent et semblable. C'est un travail de l'imagination. L'écoute demande d'« exercer son imagination à aller en visite », comme l'écrit Hannah Arendt. L'imagination peut alors se combiner avec le raisonnement, pour produire une interprétation. Qui n'est ni une explication scientifique ni une extrapolation fantaisiste. Cette capacité s'entretient et se développe comme un muscle. Elle demande de l'oreille, de l'observation, de la compréhension. Se sachant écoutée, la parole prend alors confiance et se livre. Souvent, ayant franchi ce cap, elle adopte la forme d'un récit. L'interlocuteur n'explique plus : il raconte. C'est ainsi que chacun parvient à se dire et nous émeut, car il rayonne.

*En résumé*

• Écouter est injustement sous-valorisé. C'est pourtant une dimension décisive de la compréhension.

• L'écoute attentive demande de se rendre disponible à l'interlocuteur en mettant ses propres certitudes entre parenthèses.

• L'empathie consiste à ressentir l'autre comme du dedans de soi-même. C'est un travail de décentrement et de réceptivité par lequel l'imagination combinée avec la raison permet de produire une interprétation.

*Pour aller plus loin*
Voir en fin de volume.

# Conclusion

## Repersonnaliser la relation

Gageons que le souci de repersonnaliser les relations dans le travail comme dans la vie courante, qui constitue la préoccupation directrice de ces réflexions, aura fourni un certain nombre de points de repère susceptibles d'aider à se guider dans l'action quotidienne. Toutefois, en pratique, il reste à faire en sorte que les efforts entrepris en ce sens ne s'épuisent pas en se dispersant sur de multiples fronts. Autrement dit, il importe de mettre au jour les forces principales qui alimentent la tendance contraire – la dépersonnalisation – afin de mieux concentrer nos énergies sur elles. À quoi tient le sentiment, si répandu aujourd'hui, d'une brutalisation croissante des rapports sociaux ? Qu'est-ce qui explique le récent déclin de la prévenance sur lequel nous avons alerté ? D'où provient le constat désabusé de ne pas parvenir à donner priorité à ce que nous tenons pour important et de céder sans cesse à des contraintes secondaires, voire dérisoires ? À maints égards, nous nous sentons pris dans l'étau d'une sorte de *nécessité*. Souvenons-nous de notre constat de départ. Les forces qui s'opposent à nos aspirations nous dépassent, pensons-nous. Elles restreignent nos marges de manœuvre au point qu'il n'y a plus de choix. Elles nous livrent à un monde entièrement déterminé, fait d'automatismes et de fonctionnalités, une sorte d'enfer des choses sur lequel les affects et les intentions n'ont pas de prises. Trois grandes tendances concourent à l'expliquer, qu'il faut à présent évoquer en quelques mots.

La *prolifération des règles*, des normes et des procédures de toutes sortes est, sans nul doute, l'un des phénomènes à dénoncer et contenir. Il multiplie les situations dans lesquelles nous nous trouvons embrigadés dans des conduites sans âme, que nous menons à bien pour l'unique raison qu'elles sont obligatoires et sans avoir toujours la conviction qu'elles sont appropriées. C'est le cas d'un nombre incalculable d'actes professionnels, mais aussi de la moindre démarche auprès de notre banque, de notre opérateur de téléphonie, ou de n'importe quelle organisation bureaucratique. Il s'ensuit que l'engagement dans l'action s'émousse, tandis que l'humeur sombre peu à peu dans la grisaille et la routine, menaçant de s'installer dans une forme lancinante de bougonnement. La difficulté s'aggrave du fait que l'exercice du pouvoir selon l'empire des normes est passé maître dans l'évitement de la relation de face-à-face. Par définition générale et impersonnelle, la règle s'applique sans avoir à se justifier. Elle induit à bas bruit un ordre préconçu, à travers des dispositifs qui s'imposent sans discussion, dans une prétendue neutralité qui s'attache à passer pour naturelle.

Le problème n'est pas celui de la norme en tant que telle, mais de ses pathologies. Le premier des maux sur lesquels alerter est sa prolifération, qui infantilise et dissuade l'inventivité et la responsabilité. Sa traduction bénigne est fournie par l'allumeur de réverbères du *Petit Prince* de Saint-Exupéry qui, pour respecter « la consigne », passe son temps à allumer et éteindre sa lanterne sans plus se poser de questions. À l'extrême opposé de ce comportement gentiment absurde, on trouve le tortionnaire Eichmann, qui accomplit le pire par simple refus de penser. Le second problème est celui de la formalisation, et de la conception du pouvoir dans les organisations de travail à laquelle elle renvoie. Le sociologue Jean-Daniel Reynaud distingue, à ce sujet, entre la régulation de contrôle, qui émane de l'extérieur du groupe, et la régulation autonome, qui émerge du collectif de manière informelle. Dans le second cas, le sens partagé de la tâche à mener suscite l'inventivité du groupe, qui se dote de normes spontanément. Cette production normative est constitutive de l'action collective. Inversement, les règles imposées de l'extérieur ne prennent sens, pour qui doit les appliquer, que s'il se les approprie. Cela ne se peut qu'en référence au projet qui l'anime, et non par simple obéissance formelle à une autorité extérieure. Le problème tient au fait que la formalisation a le don de tarir l'énergie et l'inventivité des savoir-faire informels. De surcroît, vouloir tout rationaliser est une illusion. C'est ce qui ressort, par exemple, de la grève du zèle. Quand elle est appliquée à la lettre, la procédure de contrôle aux frontières déclenche aussitôt d'interminables files d'attente, preuve que les douaniers s'y prennent autrement et de façon plus ajustée le reste du temps.

Le problème des normes anonymes se double de celui de la *technique*. Si elle s'annonce comme ce qui va nous « simplifier la vie » et nous faire « gagner du temps », cette dernière nous procure, en effet, des moyens décuplés qui permettent de déplacer nos limites. Mais elle attise simultanément le sentiment de toute-puissance. Nous en avons aperçu certains aspects dans la communication numérique. On pourrait montrer qu'il en est de même dans le domaine de la mobilité (à commencer par le comportement au volant), dans le monde de l'information et des médias, celui de la finance, ou encore de l'intelligence artificielle. S'ensuit pour chacun une intensification de l'expérience immédiate, dont le ressort est le déni de la finitude. Nous nous sentons pousser des ailes. Les attentes s'exacerbent, électrisant les échanges sociaux qui, par impatience, confinent à l'emballement de l'urgence chronique, voire au court-circuit du burn-out.

De plus, le recours à la technique nous place dans la posture d'un sujet qui agit en actionnant un outil. Inévitablement, un problème se pose alors quand cet objet n'est autre qu'une personne, un sujet qui se sent traité comme une chose. Chacun se trouve ainsi à instrumentaliser chacun, tentant de le manier et de le canaliser malgré lui, par la contrainte ou par la ruse. Cela s'accompagne d'un aveuglement persistant sur nos limites qui, bien entendu, sont toujours là. Il ne nous est pas possible d'être partout à la fois, de tout savoir, ou de vivre éternellement. Notre corps nous assigne une place, une époque, un point de vue, une espérance de vie, données dont un rapport irréfléchi à la technique conduit à prétendre s'émanciper. Là non plus, le problème ne réside pas dans la technique en tant que telle, mais dans le rapport que nous entretenons avec elle. Une candeur est donc à déplorer, c'est celle avec laquelle il est courant de penser que tout problème se résoudra par une bonne procédure, un nouvel outil informatique, une campagne de communication bien conçue. Bien souvent, cela revient au contraire à brutaliser les ressorts humains de l'agir en commun, en agissant *sur* autrui plutôt qu'*avec* lui. Au reste, prendre le temps de nous accorder présenterait l'*avantage* de ralentir la cadence, au lieu de céder à l'accélération générale.

Une troisième difficulté tient à l'extension grandissante de la sphère des relations marchandes. Tout se passe comme si le *modèle du marché* prétendait s'appliquer en tous domaines. C'est notamment le fait du courant de pensée néolibéral qui tend aujourd'hui à prévaloir dans les esprits. Ses théories n'ont pas tant pour prétention de décrire des comportements que de *promouvoir* chez tout un chacun la logique du calcul économique, pour l'appliquer dans des registres aussi divers que le marché, mais aussi la politique, le social, la culture, la religion, et tant d'autres. Il s'agirait ainsi d'amplifier la tendance à l'autonomisation de l'économie marchande telle que la dénonçait Karl Polanyi en son temps, et de radicaliser l'idée que les phénomènes économiques seraient séparés du reste de la société. Il ne suffirait plus, en effet, qu'ils constituent un système distinct : il s'agirait encore d'étendre leurs mécanismes à l'existence entière, en sorte que l'humain se réduise à l'*homo oeconomicus*.

La même tendance se retrouve dans le monde du travail lui-même. Elle consiste à imposer de l'extérieur le *sens* de l'activité de travail. Elle entend y parvenir en se focalisant sur les motivations extrinsèques que sont le salaire, la carrière, le pouvoir ou le prestige liés à la tâche ou à la fonction. Il n'est ainsi pas tenu compte des motivations intrinsèques liées au plaisir que procure l'activité en elle-même et qui passe par l'éthique et les valeurs, la solidarité et la confiance, l'autonomie et la créativité. Revenons une fois de plus sur l'efficace du don tel que Marcel Mauss l'a analysé. Il y a une satisfaction liée au fait de pouvoir donner de soi, notamment dans le travail. Car ce geste est porteur d'une demande de reconnaissance adressée au destinataire. Si la demande est acceptée, la reconnaissance mutuelle constitue une gratification en tant que telle. C'est la source de toute coopération, par échange de temps, de savoir-faire, marques de soutien et d'attention, passation d'alliances, partage de représentations, de croyances et de réputation. Le résultat est qualifié de « bonne ambiance » et de « relations de confiance » par les protagonistes, heureux de se retrouver pour mener à bien leurs missions. Cette logique n'exclut pas celle de l'échange marchand, mais coexiste avec elle. Cependant, rémunérer une activité menée avec plaisir revient à dénier cette composante. Il faut alors s'attendre à devoir la payer très cher pour que le refoulement du don ne se traduise par une démotivation complète. D'où la proposition développée plus haut à propos du courage en management : il importe parfois de savoir laisser faire l'équipe, au lieu de s'échiner à lui dicter son travail. Mais le modèle marchand conduit, au contraire, à dépersonnaliser la relation en centrant l'attention sur les biens échangés, plutôt que sur les personnes en train d'échanger. De la sorte, la prestation technique est réputée se suffire à elle-même.

Pire : s'insinue l'idée d'une logique implacable dans laquelle contribution implique nécessairement rétribution, de même que tout manquement mérite sanction. S'impose ainsi une vision mercantile et pénale du monde dans laquelle *tout doit être sûr*, pour pouvoir être équilibré. À ce visage de la *nécessité* s'oppose l'*ambiguïté* du don. Ce dernier surgit, bien souvent, dans le cadre même de l'échange technique, tel un supplément qui se propose au destinataire. Il fait naître une série d'interrogations, telles que : ce don est-il désintéressé ou calculé ? Faut-il l'accepter ou le refuser ? Dans l'affirmative, à quoi s'engage-t-on ? Rendre est-il obligatoire ? Autant de questions qui détournent de l'exigence de certitudes et qui ravivent le sens du *possible*. Elles en appellent à la responsabilité de l'interprétation chez le donataire, comme à la liberté de l'initiative chez le donateur. De telles situations permettent à l'un et l'autre de renouer avec l'expérience, à la fois tonique et risquée, de ce que l'on *peut*. Autrement dit, avec ce qui fait le sel de la rencontre et le charme de la vie en société.

On se trouve ainsi convié à un usage plus réfléchi des normes, à un recours plus mesuré aux moyens techniques, à une conscience plus aiguë des limites de la logique marchande. Jusqu'ici, notre approche s'est située du point de vue de l'individu actif, en train de soupeser avant d'agir les termes de ces trois types de choix. Mais l'action revêt aussi une dimension passive. On songe, à cet égard, à celle de l'individu qui en subit les effets. Il ne faut pas oublier non plus celle de l'auteur de l'acte lui-même, qui en éprouve le choc en retour, de même que nous ressentons des vibrations dans le bras lorsque nous frappons avec un marteau pour enfoncer un clou. Considérons à présent cette autre facette de la situation : elle nous permettra de constater ce qui pèche dans la situation actuelle et rend indispensable de repersonnaliser la relation.

Dans le registre du valoir, l'*insensibilité* tend aujourd'hui à l'emporter. L'intensification du travail n'y est pas pour rien. L'impératif d'efficience – devoir « faire plus avec moins » – impose une cadence qui dissuade, sous le poids du nombre, de s'attacher de près à la personne de chaque bénéficiaire. L'urgence produit des effets analogues, la quantité à traiter évinçant le souci de la qualité.

L'hyper-sollicitation de l'attention par surabondance de l'information se traduit, quant à elle, par une sélection drastique des messages et par des comportements de protection chez le destinataire des messages. La réceptivité de ce dernier se rationne, pour se ménager. Depuis la pandémie de covid-19, l'essor de la consommation, par Internet, du télétravail et de la visioconférence est contemporain de l'affirmation d'une logique qui porte à mesurer son exposition aux relations de co-présence physique. Celles-ci sont l'objet d'un calcul coût/bénéfice qui aboutit, bien souvent, à les considérer comme superflues. La dimension sensible du vivre-ensemble devient une simple option.

Les préoccupations de gestion aggravent encore la situation. En effet, le souci du travail bien fait doit s'effacer, sous ce prisme, devant celui du travail rentable. De surcroît, le calcul gestionnaire raisonne en données chiffrées. Il implique, de ce fait, d'agréger des entités réputées homogènes, alors qu'elles ne le sont pas. Les tableaux de bord de reporting font état de statistiques d'activité, non des situations dans lesquelles un bien ou un service a été apporté à telle personne. Il en est de même pour les travailleurs eux-mêmes. Le travail n'est pris en compte par les décideurs que sous l'angle de sa contribution au profit ou à l'efficience. Il est d'abord assimilé à quelques éléments chiffrés figurant sur un tableau de bord, rapporté ensuite au temps qui lui a été consacré et comparé, enfin, à la performance des concurrents et aux « bonnes pratiques » du secteur d'activité. Plus personne ne s'intéresse au travail effectif, vécu, celui que les ergonomes qualifient de « réel » (par opposition au travail « prescrit » par les procédures). Encore moins aux situations concrètes qui mettent aux prises des humains avec d'autres humains. Puisqu'il en est ainsi, les travailleurs eux-mêmes n'ont plus qu'à ravaler leur frustration et à calquer leur intervention sur les critères des tableaux de bord. Mais, parce que la belle ouvrage est ce qui compte malgré tout à leurs yeux, les choses ne se passent pas exactement ainsi. C'est ce qui permet au système de se perpétuer, bien malgré lui, dans l'inattention générale à ses effets délétères.

Dans le registre du pouvoir prévaut l'*indifférence*. L'application des procédures fait primer, on l'a dit, le travail prescrit sur les situations réelles. La prolifération des normes tend à émousser l'attention du travailleur, confronté à la surabondance des stimuli. La situation s'apparente à celle de l'homme de la grande ville étudié par Georg Simmel, qui la caractérise par une attitude « blasée ». Le constat du sociologue allemand est également lié à la place importante prise par les échanges monétaires dans ce contexte, ce qui pousse à une utilisation de plus en plus étendue de substituts et de symboles n'ayant plus de relation directe avec les réalités. S'ensuit une « intellectualisation de la vie », qui fait prévaloir le calcul et les évaluations chiffrées sur les impulsions affectives. Les aspirations à la coopération évoquées plus haut entrent ainsi en conflit avec cette capacité à se distancier, tant de soi-même que du collectif. L'attrait des primes et des gratifications extrinsèques le dispute au plaisir procuré par le travail lui-même. Le sens tactique tend à l'emporter sur les convictions et la spontanéité. S'établit un rapport utilitaire au monde qui est synonyme d'affaiblissement des valeurs de co-appartenance et de civilité. Seule compte l'efficacité de l'action, concrétisée par ses résultats. Qu'importent les formes sociales, l'amabilité, les convenances, les rituels ? Le déclin de la prévenance s'enracine dans ce climat, qui ne s'encombre pas d'égards, à moins que cela ne puisse servir. Sur cette voie, le cynisme n'est pas loin, avec l'idée que tous les coups sont permis, à condition d'en tirer bénéfice sans être pris. L'indifférence fait alors place à l'endurcissement. Les coups portés s'en attirant d'autres en retour, la cuirasse s'épaissit. Le danger n'est pas loin de ne plus percevoir ce qui déborde, de ne plus se confronter au fragile, à l'incertain, au possible, de devenir des hommes qu'aucun événement n'affecte plus : ces « hommes imperturbables » en lesquels Michaël Fœssel voit « le danger le plus actuel ». La pratique ordinaire ne relève plus, alors, d'un jeu social mais d'un implacable mécanisme.

Dans le registre de l'avoir, enfin, le risque est réel de succomber aux charmes simplificateurs de la logique du mérite – contribution implique rétribution – en s'aveuglant sur les multiples bénéfices dont nous profitons sans y être pour rien. L'attitude courante, à cet égard, s'illustre donc par son *ingratitude*. Elle consiste à s'illusionner sur ses propres qualités, tel le manager bien noté, et à considérer les moins nantis comme des êtres qui n'ont à s'en prendre qu'à eux-mêmes, ce qui dispense de leur venir en aide et consacre un peu plus le chacun pour soi. En management, telle est la logique de l'évaluation de la performance, quand elle s'en tient à la prise en compte des réalisations prétendument individuelles. Dans le contexte d'interdépendances étroites qui est le nôtre aujourd'hui, l'enchevêtrement des contributions des uns et des autres les rend, en fait, parfaitement indémêlables. La « culture du résultat » entretient cependant cette illusion, qui tend à diviser pour régner, en dissolvant les solidarités collectives. Ces croyances ont pour corollaire l'idée que l'engagement, au travail comme ailleurs, ne peut être que par intérêt. Elles inspirent un comportement dur en affaires, plus enclin à la compétition qu'à la coopération, qui prédispose moins au compromis qu'à l'affrontement, voire à la prédation.

Cette attitude risque fort d'entretenir une quête de reconnaissance insatiable, qui épuise ses rivaux autant qu'elle-même, à force de prélever les ressources qu'elle rencontre sur son passage. La légèreté s'absente, dans cette recherche qui se transmue peu à peu en combat. Nulle place pour la chance, le hasard, la gratuité, la grâce du geste, dans une activité habitée par la préoccupation de « gérer ». Il reste encore à demi concevable que les droits puissent s'accompagner de devoirs : cela fait partie, après tout, de la logique contractuelle du donnant-donnant. Mais l'acte généreux demeure, quant à lui, impensable. À la télévision, après le film, la vitesse de défilement du générique empêche, trop souvent, de relever le nom de l'auteur des décors, ou de la musique, qui vous ont plu et que vous vouliez retenir. Le programme continue avec impatience. Il n'est pas prévu de dire « merci ». Pourquoi tant de précipitation ? On ne peut pas retenir le temps qui passe, mais on ne peut être dupe longtemps de ces échappatoires aux allures de fuite en avant. Pour résister à l'ingratitude, il suffirait de mettre l'urgence en suspens et de jeter, de temps à autre, un regard en arrière, en direction de ce que l'on a *déjà* reçu. Alors, que demander de plus ?

La gratitude constitue le point de départ d'une reconquête du sens du possible sur le sentiment de nécessité. En effet, animés par la reconnaissance, nous sommes *affectés* par ce qui nous arrive. La gratitude ravive ainsi le sensible. Reprenant des couleurs, ce dernier subvertit à son tour l'indifférence en rendant attentif aux singularités : tel événement, telle rencontre, telle personne. Ce cercle vertueux se déploie à partir de valeurs de *réceptivité* : faire place à ce qui m'arrive, être disponible à ce qui est donné, se décentrer de soi et s'ouvrir. Il suffit pour cela d'inverser les priorités. Contrairement à ce que laissent penser les représentations courantes, qui survalorisent l'activité par rapport à la passivité, savoir recevoir est tout aussi important que savoir donner. Mais cela requiert de relativiser l'attrait de la puissance qui émane du don (puisqu'il oblige), au profit de la disponibilité de l'accueil et de l'intelligence de l'interprétation. Alain Caillé et Jean-Édouard Grésy proposent de faire précéder les trois temps du don maussien (donner-recevoir-rendre) par celui qui consiste à demander. Ce n'est pas de trop, si l'on aspire à civiliser un tant soit peu notre monde de prédation. On peut se demander, cependant, si le moment le plus civilisateur n'est pas celui de la réception. En l'occurrence, ces deux auteurs s'inspirent des travaux inachevés de Marcel Mauss sur la prière. Or, celle-ci peut être vue comme une demande, certes, mais au moins autant comme un recueillement : une posture d'accueil. Sous cet aspect, elle s'enracine, du reste, dans une dimension anthropologique en affinité avec certaines données de base de la condition humaine. L'une est la respiration : il faut d'abord inspirer (recevoir) avant d'expirer (rendre). La deuxième est l'apprentissage du langage, qui commence par des paroles que l'on entend (et non que l'on prononce). La troisième est la conscience, qui est toujours conscience *de* quelque chose, et donc perception, sortie de soi et décentrement. Sous ce prisme, civiliser les rapports sociaux passe donc moins par le souci de rééquilibrer les droits par le rappel de devoirs, comme il est fréquent de l'entendre dire, que par une sensibilisation au recevoir, condition d'un engagement par gratitude. Dans cette logique, le don se proposerait au destinataire en réplique à la réception d'un don préalable, d'un don premier impliquant de rendre non à son auteur mais aux tiers.

On objectera que miser sur la gratitude est une proposition sympathique, mais peu réaliste. Ce serait pourtant méconnaître le fait que ce sentiment est bien présent aujourd'hui, en pratique. Il inspire certains professionnels qui s'engagent moins par intérêt ou par souci de reconnaissance que par sollicitude et désir de prendre soin. Cela s'observe en particulier dans les secteurs de l'accompagnement social et médico-social, en médecine et dans les métiers centrés sur la vulnérabilité humaine, de même que chez toute personne se sentant concernée par l'éthique du « care », théorisée par Joan Tronto ou Carol Gilligan.

En réalité, ces activités se caractérisent moins en termes de secteur ou de métier que par le fait de s'enraciner dans la prise de conscience du fait que, de part en part, notre condition est elle-même vulnérable. Elle l'est, en effet, en ce sens qu'elle est foncièrement tributaire du monde qui l'entoure, et ce depuis le jour de notre naissance, où chacun d'entre nous n'a pu subsister que parce qu'il a été accueilli. On peut donc parler de gratitude à propos de ce que Corine Pelluchon désigne, pour sa part, comme un sentiment de *considération*, au sens fort, à l'égard de ce milieu nourricier. Nous avons déjà rencontré cette humeur à propos de la forme de courage qui conduit à porter secours à un être diminué ou menacé qui compte sur nous. Elle est également présente, on s'en souvient, dans la gratitude à l'égard de la fragile institution du langage, qui peut porter à raviver l'éthique de la discussion et à subvertir le sentiment d'indifférence qu'entretient la communication industrielle.

Outre la réplique à l'indifférence et à l'insensibilisation, la gratitude apporte une réponse à la quête de reconnaissance quand elle menace d'être insatiable. Elle tempère, en effet, la recherche de gratification, consciente qu'elle est d'être *déjà* servie. L'efficace de la logique de marché, dont le moteur est l'envie, s'en trouve réduit d'autant. De même, la gratitude relativise l'emprise des normes, car elle incite l'action à *singulariser* son geste afin de l'ajuster à chaque personne en tant que telle. Enfin, elle permet de limiter les dérives du rapport aux techniques par son constant rappel de la *finitude* de notre condition, qui est l'autre nom de la vulnérabilité.

Mais, si la gratitude est à l'œuvre, elle tend néanmoins, par nature, à passer *inaperçue*. Car le souci de prendre soin s'accompagne chez elle de celui de ne pas écraser les bénéficiaires sous le poids de leur dette. D'où une élémentaire préoccupation de discrétion, qui conduit à alléger son geste et à ne pas s'en prévaloir. En témoigne le courage de ces héros qui justifient sobrement leurs actes en y voyant quelque chose de « normal », voire de « banal ». Les comportements contraires se signalent, à l'inverse, par le vacarme avec lequel ils font valoir leurs mérites. À telle enseigne que l'idée que les conduites puissent ne pas être entièrement guidées par la recherche d'un intérêt égoïste devient aujourd'hui difficilement audible et même concevable. Le monde du travail s'illustre ainsi par une tendance croissante à l'affaiblissement des solidarités collectives et au chacun pour soi. C'est le triomphe de l'homme néolibéral, voué à « l'entreprise de soi », dont l'individu-qui-s'est-fait-tout-seul-et-ne-doit-rien-à-personne est l'emblème.

Une élémentaire lucidité impose donc de ne pas se voiler la face sur les modes de vie qui continuent de rythmer l'activité quotidienne : marchandisation des biens, technicisation de l'humain et de son environnement, religion du chiffre en tous domaines, obsession de l'évaluation et des classements, judiciarisation des rapports, exaltation de la concurrence, primat de l'utilitaire, folklorisation des cultures, injonction à consommer toute chose comme un dû… Pour autant, l'éthique de la pratique ordinaire ne s'en trouve pas privée de sens, ou vouée à une cause qui serait perdue d'avance. Ce spectacle parfois démoralisant lui dicte, en l'occurrence, de considérer deux registres simultanément. Il lui revient de porter l'action dans l'ordre du *politique* si nécessaire, afin de peser sur les institutions et d'intervenir pour plus de justice dans la cité. En parallèle, il lui importe de continuer d'agir, avec patience et ténacité, dans celui de l'*éthique*, afin de prendre soin, auprès et au loin, de ce qui relève de nous directement et qui ne saurait attendre.

*Pour aller plus loin*
Voir en fin de volume.

# Bibliographie

Ouvrages principaux

Olivier Abel, *La Conversation*, Paris, Gallimard Jeunesse, 2006.

Ouvrage très accessible offrant une approche philosophique de ce phénomène extrêmement subtil qu'est la conversation (à distinguer de la discussion).

Étienne de La Boétie, *Discours de la servitude volontaire*, présentation de Simone Goyard-Fabre, Paris, GF Flammarion, 1983.

Un grand classique de la philosophie politique, qui expose, l'une des toutes premières fois dans l'histoire des idées, la thèse paradoxale selon laquelle la domination ne s'exerce que parce qu'elle est consentie par ceux qui la subissent.

Yves Citton, *Pour une écologie de l'attention*, Paris, Seuil, 2014.

Cet essai propose une vision d'ensemble sur la problématique de l'hyper-sollicitation de notre attention dans la société contemporaine et de la vigilance qu'elle appelle pour qui entend demeurer réceptif aux conditions de la communication et du vivre-ensemble.

Yves Cusset, *Habermas. L'espoir de la discussion*, Paris, Michalon, 2011.

En peu de pages, ce livre introduit à la pensée de Jürgen Habermas, philosophe de l'éthique de la discussion et de l'autocritique de la raison moderne.

Vincent de Gaulejac, *La Société malade de la gestion. Idéologie gestionnaire, pouvoir managérial et harcèlement moral*, Paris, Seuil, 2005.

Ce classique de la psychosociologie des organisations analyse le mode de pensée qui fait aujourd'hui de la gestion le prisme privilégié sous lequel la personne humaine s'appréhende, l'incitant à s'engager sans relâche dans la course à la productivité économique.

Marcel Mauss, *Essai sur le don. Forme et raison de l'échange dans les sociétés archaïques* (1924-1925), présentation de Florence Weber, Paris, PUF, 2012.

Ouvrage fondateur de l'anthropologie du don, dont la pertinence demeure entière pour la compréhension, non seulement des sociétés dites « archaïques », mais aussi du monde contemporain, y compris dans la sphère professionnelle.

Paul Ricœur, *Politique, Économie et Société. Écrits et conférences 4*, textes choisis, annotés et présentés par Pierre-Olivier Monteil, Paris, Seuil, 2019.

Recueil de conférences et d'articles dans lesquels le grand philosophe aborde, entre autres, les thématiques de la responsabilité, de l'autorité ou de la reconnaissance, en des termes qui se rapportent au politique tout en étant aisément transposables au management et à l'activité professionnelle.

Hartmut Rosa, *Accélération. Une critique sociale du temps*, Paris, La Découverte, 2010.

Cet ouvrage constitue le premier volet d'une réflexion poursuivie par l'auteur dans deux livres ultérieurs sur le rapport au temps dans le monde contemporain, grandeur caractéristique de la « modernité tardive ».

Alain Supiot, *La Gouvernance par les nombres. Cours au Collège de France (2012-2014)*, Paris, Fayard/Institut d'études avancées de Nantes, 2015.

Un exposé systématique de l'analyse par ce grand juriste du monde du travail et du management contemporain, où des mécanismes d'autorégulations inspirés de la cybernétique s'attachent à gouverner les comportements humains, appréhendés sous le prisme réducteur d'indicateurs chiffrés.

Introduction

Mark Hunyadi, *La Tyrannie des modes de vie. Sur le paradoxe moral de notre temps*, Lormont, Le bord de l'eau, 2015 (sur le blanchiment éthique que constituerait une réflexion portant sur les situations sans examiner l'influence de leur contexte).

Étienne de La Boétie, *Discours de la servitude volontaire*, Paris, GF Flammarion, présentation de Simone Goyard-Fabre, 1983.

Marcel Mauss, *Essai sur le don. Forme et raison de l'échange dans les sociétés archaïques* (1924-1925), présentation de Florence Weber, Paris, PUF, 2012 (formes de l'échange qui ne se limitent pas aux sociétés dites archaïques, mais se retrouvent aussi, sous des formes un peu différentes, dans les nôtres).

1re partie. Échanger.

Chapitre 1 – Pour une civilité numérique

Serge Abiteboul et Gilles Dowek, *Le Temps des algorithmes*, Paris, Le Pommier, 2017 (p. 11 : définition élémentaire de la notion d'algorithme).

Azi Lev-On et Bernard Manin, « Internet : la main invisible de la délibération », *Esprit*, mai 2006, p. 195-212.

Hannah Arendt, *Condition de l'homme moderne* (1961), trad. Georges Fradier, préface de Paul Ricœur, Paris, Pocket, « Agora », 1983.

Jean-Paul Bouchet et Bernard Jarry-Lacombe, *Manager sans se renier*, préface de Laurent Berger, Paris, Éditions de l'Atelier, 2015 (p. 67-70 : sur le travail et le numérique).

Daniel Bougnoux, *La Communication par la bande. Introduction aux sciences de l'information et de la communication* (1991), Paris, La Découverte, 1998.

Dominique Boulier, *Sociologie du numérique*, Paris, Armand Colin, 2016 (p. 110 et 118 : citations sur les rapports entre numérique et société).

Philippe Breton, *L'Utopie de la communication*, Paris, La Découverte, 1992 (à propos de Norbert Wiener et la cybernétique).

Dominique Cardon, *La Démocratie Internet. Promesses et limites*, Paris, Seuil, « La République des idées », 2010 (notamment pour la conclusion : « Le Web incarne l'avenir de la démocratie », p. 100).

Pascal Chabot, *Exister, résister. Ce qui dépend de nous*, Paris, PUF, 2017 (sur les ambiguïtés du sentiment d'avoir à résister à un « système »).

Yves Citton, *Pour une écologie de l'attention*, Paris, Seuil, 2014.

Norbert Elias, *La Civilisation des mœurs* (1969), trad. Pierre Kamnitzer, Paris, Calmann-Lévy, 1973 (p. 27 : sur l'esprit « civilisé »).

Jon Elster, *Le Laboureur et ses enfants*, Paris, Minuit, 1987.

Jean-Marc Ferry, *De la civilisation. Civilité, légalité, publicité*, Paris, Cerf, 2001 (p. 21-22 : citation sur la civilité ; p. 26 : sur la publicité).

Sigmund Freud, *Malaise dans la civilisation* (1929), trad. Charles et Jeanne Odier, Paris, PUF, 1971 (p. 39 : citation sur le caractère « prothétique »).

Frédéric Gros, *Le Principe sécurité*, Paris, Gallimard, 2012 (p. 204 et 209 : citations sur la société de contrôle).

Michel Henry, *La Barbarie*, Paris, Grasset, 1987 (une approche « essentialiste » de la technique, assimilée à une forme de barbarie).

Éloi Laurent, *L'Impasse collaborative. Pour une véritable économie de la coopération*, Paris, Les liens qui libèrent, 2018.

Claude Lévi-Strauss, *Race et Culture* (1952), Paris, Gallimard, 2007 (sur la double menace, pour la diversité des cultures, de l'isolement et de l'excès d'exposition).

Marylin Maeso, *Les Conspirateurs du silence*, Éditions de l'Observatoire, 2018 (p. 37 et 53 : citations sur les aspects réducteurs des échanges sur les réseaux sociaux).

Lauren Malka, *Les journalistes se slashent pour mourir. La presse et le défi numérique*, Paris, Robert Laffont, 2016.

Danilo Martuccelli, « Figure de la domination », *Revue française de sociologie*, n° 45-3, juillet-septembre 2004, p. 469-497 (au sujet de la « dévolution ». Texte accessible sur cairn.fr).

Danilo Martuccelli, *La Société singulariste*, Paris, Armand Colin, 2010 (pour une approche voisine de l'individualisme de singularité dont parle Pierre Rosavallon dans *La Société des égaux*).

Roland Reuss, *Sortir de l'hypnose numérique*, trad. Brigitte Vergne-Cain et Gérard Rudent, Paris, Éditions des îlots de résistance, 2013 (p. 82-84, notamment : sur le refus du jugement sur les situations qui pourrait conduire à la remise en question personnelle).

Paul Ricœur, « Civilisation universelle et cultures nationales » (1961), repris dans *Histoire et Vérité*, Paris, Points Seuil, 2001, p. 322-356 (sur les dangers de l'uniformisation des cultures par le développement d'une civilisation techno-scientifique).

Paul Ricœur, « Approche de la personne », *Esprit*, mars-avril 1990, p. 115-130 (la citation sur la structure fiduciaire du langage se trouve p. 123).

David Riesman, *La Foule solitaire. Anatomie de la société moderne*, préface d'Edgar Morin, Paris, Arthaud, 1964.

Pierre Rosanvallon, *La Société des égaux*, Paris, Seuil, 2011 (pour une approche de « l'individualisme de singularité » qui recoupe en partie le thème de la « multitude » développé par Paolo Virno).

Richard Sennett, *Les Tyrannies de l'intimité*, Paris, Seuil, 1979.

Guillaume Sire, *Les Moteurs de recherche*, Paris, La Découverte, 2016.

Alain Supiot, *La Gouvernance par les nombres. Cours au Collège de France (2012-2014)*, Paris, Fayard/Institut d'études avancées de Nantes, 2015 (p. 204-211 : développement sur l'incidence du numérique dans les conditions de travail).

Charles Taylor, *Le Malaise de la modernité* (1991), trad. Charlotte Melançon, Paris, Cerf, 1994 (p. 133 : citation sur la société fragmentée).

Shirley Turkle, *Seuls ensemble. De plus en plus de technologies, de moins en moins de relations humaines*, trad. Claire Richard, Paris, L'Échappée, 2015 (p. 258 : citation sur le travail « multitâche »).

Paolo Virno, *Grammaire de la multitude. Pour une analyse des formes de vie contemporaines*, trad. Véronique Dassas, Paris, Éditions de l'Éclat/Conjonctures, 2002.

Olivier Voirol, « Communication et domination dans le travail. Considérations à partir du cas d'une entreprise industrielle en Suisse », in Jean Terrier et Hugues Poltier (dir.), *Vers de nouvelles dominations dans le travail ? Sur le sens de la crise*, Lausanne, Payot, 2001, p. 75-90.

Norbert Wiener, *Cybernétique et Société*, Paris, Deux-Rives, 1952 (p. 81 : citation sur le rôle de la communication dans la civilisation).

Dominique Wolton, *Internet et après ?*, Paris, Flammarion, 2010 (p. 106-107 : citation sur les « solitudes numériques »).

Revue *Esprit*, n° 401, janvier 2014, dossier intitulé « Inattention : danger ! » (p. 15-82).

Chapitre 2 – Pour une éthique de la discussion

Olivier Abel, *La Conversation*, Paris, Gallimard Jeunesse, 2006.

Ali Benmakhlouf, *La Conversation comme manière de vivre*, Paris, Albin Michel, 2016 (p. 41 et 47 : sur le « décousu » et le « fragment »).

Philippe Breton et David Le Breton, *Le Silence et la Parole. Contre les excès de la communication*, Toulouse, Érès, 2017 (en particulier p. 11-26, le chapitre intitulé : « La conversation »).

Yves Cusset, *Habermas. L'espoir de la discussion*, Paris, Michalon, 2011 (présentation de l'ensemble de la pensée de Habermas dans un petit format).

Régis Debray, *Cours de médiologie générale*, Paris, Gallimard, 1991 (p. 307 : sur la critique du « consensus »).

Jean-Claude Devèze, *Pratiquer l'éthique du débat. Le défi de la délibération démocratique*, préface de Patrick Viveret, postface de Jean-Baptiste de Foucault et Pierre Guilhaume, Paris, Chronique sociale, 2018 (une approche de l'éthique de la discussion dans une visée pratique, se référant notamment à Jürgen Habermas).

Jean-Marc Ferry, *L'Éthique de la communication*, Paris, PUF, 1987 (analyse approfondie de la pensée de Jürgen Habermas dans son état de développement à cette époque).

Jean-Marc Ferry, « Les vertus de la discussion », in *La Société en quête de valeurs. Pour sortir de l'alternative entre scepticisme et dogmatisme*, Paris, Maxima/Laurent du Mesnil éditeur, 1996, p. 189-198 (une présentation simple et claire de l'éthique de la discussion selon Habermas).

Erving Goffman, *La Mise en scène de la vie quotidienne*, tome 1 : « La présentation de soi » et tome 2 : « Les relations en public », trad. Alain Accardo, Paris, Minuit, 1973.

Jürgen Habermas, *Morale et Communication. Conscience morale et activité communicationnelle* (1983), trad. et introduction Christian Bouchindhomme, Paris, Cerf, 1986.

Axel Honneth, *La Lutte pour la reconnaissance* (1992), trad. Pierre Rusch, Paris, Cerf, 2000.

Mark Hunyadi, « Discussion. L'École de Francfort et l'éthique de la discussion », in Monique Canto-Sperber (dir.), *Dictionnaire d'éthique et de philosophie morale*, Paris, PUF, tome 1, 2004, p. 539-547.

Hans Joas, *Comment la personne est devenue sacrée*, trad. Jean-Marc Tétaz, Genève, Labor et Fides, 2016 (p. 264-272 : le cas des convictions enracinées dans une histoire, que la discussion ne pourra pas faire évoluer par argumentation mais sur le mode de la narration).

Claude Lévi-Strauss (dir.), *L'Identité*, Paris, Grasset, 1977 (sur l'identité en tant qu'articulation des différences).

Bruno Mettling, *Entreprises : retrouver le temps pertinent. Dix réflexions tirées de la gestion de crise*, Paris, Débats publics, 2014 (l'ouvrage entier met en lumière l'importance du temps partagé entre le management et les équipes).

Catherine Mieg, « Le travail comme épreuve incontournable du sens moral », in Martine Brasseur (dir.),

*L'Éthique et l'Entreprise*, Paris, L'Harmattan, 2010, p. 83-96.

Pierre-Olivier Monteil, *Éthique et Philosophie du management*, Toulouse, Érès, 2016 (p. 73-79 : sur l'éthique, la morale et l'utilitarisme ; p. 93-119 : sur la distinction entre pouvoir et autorité ; p. 167-183 : sur la communication et le management).

Serge Moscovici et Willem Doise, *Dissensions et Consensus*, Paris, PUF, 1992 (p. 261-273 : au sujet de l'importance des valeurs dominantes dans l'élaboration d'un consensus de groupe).

Corine Pelluchon, *Éthique de la considération*, Paris, Seuil, 2018.

Paul Ricœur, « Travail et parole » (1953), repris dans Paul Ricœur, *Histoire et Vérité*, Paris, Points Seuil, 2001, p. 238-263.

Paul Ricœur, *Soi-même comme un autre* (1990), Paris, Points Seuil, 1996, (p. 333 : sur la distinction entre convention et conviction).

Paul Ricœur, « Éthique et morale » (1990), repris dans Paul Ricœur, *Lectures 1. Autour du politique*, Paris, Seuil, 1991, p. 256-269 (sur la nécessaire articulation entre les règles « déontologiques » et la perspective « téléologique » d'une vision partagée).

Paul Ricœur, « Interprétation et/ou argumentation » (1993), repris dans Paul Ricœur, *Le Juste*, Paris, Esprit, 1995, p. 163-184.

Paul Ricœur, *Discours et Communication*, Paris, L'Herne, 2005 (sur l'acte de communication en tant qu'intention de *se* communiquer).

Renaud Sainsaulieu, *Sociologie de l'organisation et de l'entreprise*, Paris, Presses de Sciences Po/Dalloz,

1987 (p. 221-224 : « Vers une culture du développement social »).

Hartmut Rosa, *Résonance. Une sociologie de la relation au monde* (2016), trad. Sacha Zilberfarb et Sarah Raquillet, Paris, La Découverte, 2018 (p. 401-404 : sur la critique de Jürgen Habermas par Axel Honneth et son dépassement par la thématique de la reconnaissance).

Chapitre 3 – L'usage de la parole

John Austin, *Quand dire c'est faire* (1962), trad. et introduction de Gilles Cane, Paris, Seuil, 1970.

Émile Benveniste, *Problèmes de linguistique générale* (1966), Paris, Gallimard, 1976.

Barbara Cassin, *Éloge de la traduction. Compliquer l'universel*, Paris, Fayard, 2016 (p. 42 : sur les intraduisibles ; p. 147 : sur l'équivocité du monde ; p. 212 : entendre deux langues pour saisir l'appartenance à la sienne ; p. 147-226 : pour un relativisme conséquent).

Anne Dufourmantelle, *Éloge du risque* (2011), Paris, Payot & Rivages, 2014 (p. 135-139 : sur le risque de la parole).

France Farago, *Le Langage*, Paris, Armand Colin, 1999.

Platon, *Cratyle*, trad. et présentation de Catherine Dalimier, Paris, GF Flammarion, 1998.

Paul Ricœur, « Violence et parole » (1961), repris dans *Lectures 1. Autour du politique*, Paris, Seuil, 1991 (p. 131-140 : sur le recul de la violence par le recours à la parole).

Paul Ricœur, entretien avec Claude Lévi-Strauss, *Esprit*, n° 11, novembre 1963 (p. 619-653 : sur la distinction entre linguistique et sémantique).

Paul Ricœur, *Amour et Justice* (1990), Paris, Points Seuil, 2008 (sur la logique d'équivalence et la logique de surabondance).

Nathalie Sarraute, *L'Usage de la parole*, Paris, Gallimard « Folio », 1985.

Jean-Paul Sartre, « Jean-Paul Sartre répond », in *Revue de l'ARC*, 1966, n° 3012, p. 88-89 et 92-93 : sur la langue parlée et la langue comme système autonome).

Ferdinand de Saussure, *Cours de linguistique générale* (1916), Paris, Payot, 1995.

Max Weber, *Le Savant et le Politique*, introduction de Raymond Aron, Paris, Plon 10/18, 1979 (p. 172-175 : sur éthique de conviction et éthique de responsabilité).

Ludwig Wittgenstein, *Recherches philosophiques*, trad. F. Dastur, M. Élie, J.-L. Gautero, D. Janicaud, É. Rigal, Paris, Gallimard, 2004.

2e partie. Sur quoi pouvons-nous agir ?

Chapitre 4 – Du conflit au compromis

Pierre Algan, Yann Cahuc, André Zylberberg, *La Fabrique de la défiance… et comment s'en sortir*, Paris, Albin Michel, 2012.

Hubert Auque, « Derrière le conflit », *Autres Temps*, n° 53, printemps 1997, p. 28-33 (article sur le rapport psychologique à la différence dans le conflit, en accès libre sur le site persee.fr).

Luc Boltanski et Laurent Thévenot, *De la justification. Les économies de la grandeur*, Paris, Gallimard, 1990 (la citation sur la présupposition du compromis est p. 408).

Edmund Burke, *Considérations sur la Révolution de France* (1790), trad. Pierre Andler, présentation de Philippe Raynaud, Paris, Hachette, 1989 (avec la comparaison des jardins à l'anglaise et à la française).

Vincent Delecroix, *Non ! De l'esprit de révolte*, Paris, Autrement, 2018.

Mark Hunyadi, *La Vertu du conflit. Pour une morale de la médiation*, Paris, Cerf, 1995.

Jean-François Lyotard, *Tombeau de l'intellectuel et autres papiers*, Paris, Galilée, 1984 (p. 23-31 : article sur la notion de différend).

Pierre-Olivier Monteil, *Éthique et Philosophie du management*, Toulouse, Érès, 2016.

Jacques Rancière, *La Mésentente. Politique et philosophie*, Paris, Galilée, 1995.

Paul Ricœur, *Soi-même comme un autre* (1990), Paris, Points Seuil, 1996 (la référence au « consensus par recoupement » se trouve p. 304).

Paul Ricœur, *Réflexion faite*, Paris, Esprit, 1995 (p. 28-29 : le développement sur « l'ontologie de la disproportion »).

Carl Schmitt, *La Notion de politique* (1932), trad. Marie-Louise Steinhauser, Paris, Calmann-Lévy, 1994.

Georg Simmel, *Le Conflit* (1908), trad. Sibylle Muller, préface de Julien Freund, Paris, Circé, 2015.

Christian Thuderoz, *Petit Traité du compromis. L'art de la concession*, Paris, PUF, 2015.

Chapite 5 – Le sens du courage

Olivier Abel, « Courage, justice, pardon » (accessible sur le site olivierabel.fr).

Zygmunt Bauman, *La Vie liquide*, trad. Christophe Rosson, Rodez, Le Rouergue/Chambon, 2006 (sur la faiblesse du courage de commencer dans les sociétés modernes, dans lesquelles le moment de s'engager est souvent contemporain de l'anticipation de se désengager).

Maëlezig Bigi, Olivier Cousin, Dominique Méda, Laëtitia Sibaud, Michel Wieviorka, *Travailler au XXIe siècle. Des salariés en quête de reconnaissance*, Paris, Robert Laffont, 2015 (p. 187-209 : le chapitre intitulé « Qu'est-ce qu'un bon manager ? », la citation se trouve en p. 191).

Monique Canto-Sperber, « Courage », *Dictionnaire d'éthique et de philosophie morale*, tome 1, Paris, PUF, 2004, p. 422-430.

Vincent Delecroix, *Non ! De l'esprit de révolte*, Paris, Autrement, 2018 (p. 192-199 : sur la liberté de pouvoir ne pas faire).

Anne Dufourmantelle, *Éloge du risque* (2011), Paris, Payot & Rivages, 2014 (p. 173-176 : le développement sur « le risque de croire »).

Cynthia Fleury, *La Fin du courage* (Fayard, 2010), Paris, Le Livre de Poche, 2011.

Cynthia Fleury, *Les Irremplaçables*, Paris, Gallimard, 2015 (notamment p. 137-140 : sur la tyrannie de l'évaluation).

Vincent de Gaulejac, *La Société malade de la gestion. Idéologie gestionnaire, pouvoir managérial et harcèlement social*, Paris, Seuil, 2005 (sur l'esprit gestionnaire qui dissuade le courage).

Carol Gilligan, *Une voix différente. Pour une éthique du care*, trad. Annick Kwiatek revue par Vanessa

Nurock, présentation de Sandra Laugier et Patricia Paperman, Paris, Flammarion, 2008.

Vladimir Jankélévitch, *Le Sérieux de l'intention. Traité des vertus*, Paris, Flammarion, 1983 (p. 125 : sur le courage comme capacité à commencer).

Hans Joas, *Comment la personne est devenue sacrée*, trad. Jean-Marc Tétaz, Genève, Labor et Fides, 2016.

Emmanuel Kant, *Qu'est-ce que les Lumières ?* GF Flammarion, 1991 (sur la faculté de penser par soi-même constitutive de l'idéal d'émancipation des Lumières).

Pierre-Olivier Monteil, *Reprendre confiance*, Paris, François Bourin, 2016 (p. 5-12 : sur la confiance en la relation et en l'avenir).

Pierre-Olivier Monteil, *Éthique et Philosophie du management*, Toulouse, Érès, 2016 (p. 93-119 : sur la posture d'autorité ; p. 121-142 : sur l'hypothèse du pardon en entretien d'évaluation de la performance).

Paul Ricœur, « Responsabilité et fragilité » (1992), repris dans Paul Ricœur, *Politique, Économie et Société*, Paris, Seuil, 2019, p. 115-135.

Alain Supiot, *La Gouvernance par les nombres. Cours au Collège de France (2012-2014)*, Paris, Fayard/Institut d'études avancées de Nantes, 2015 (voir le début de la 2e partie sur la perte du sujet et dc l'objet dans l'évaluation de la performance).

Laurent Thévenot, « Le gouvernement par les normes. Pratiques et politiques des formats d'information », in B. Coein et L. Thévenot (dir.), « Cognition, information et société », *Raisons pratiques*, 1997, n° 8, p. 205-242 (sur le « gouvernement par les normes »).

Alexis de Tocqueville, *De la démocratie en Amérique*, Paris, Robert Laffont, « Bouquins », 1986 (sur l'hypothèse d'un déclin du courage en contexte démocratique, voir notamment le chapitre 1 de la 3e partie, intitulé « Comment les mœurs démocratiques s'adoucissent à mesure que les conditions s'égalisent »).

Joan Tronto, *Un monde vulnérable. Pour une politique du care*, trad. Hervé Maury, avant-propos de Liane Mozère, préface inédite de l'auteure, Paris, La Découverte, 2009.

Film :

Nicolas Philibert, *La Moindre des choses* (scénario : Nicolas Philibert ; producteur : Serge Lalou ; 1996).

Chapitre 6 – Autonomie et servitude volontaire

Olivier Abel, *Le Oui de Ricœur*, illustrations de Eunhwa Lee, Paris, Gallimard, 2011 (sur la révolte comme « non » au nom d'un « oui » et sur la notion d'« affirmation originaire » chez Ricœur).

Daniel Bell, *Les Contradictions culturelles du capitalisme* (1976), trad. Marie Matignon, Paris, PUF, 1979 (p. 32 : sur la contradiction culturelle qui découle du passage du puritanisme à l'hédonisme).

Maëlezig Bigi, Olivier Cousin, Dominique Méda, Laëtitia Sibaud, Michel Wieviorka, *Travailler au XXIe siècle. Des salariés en quête de reconnaissance*, Paris, Robert Laffont, 2015.

Jean-Michel Bonvin et Nicolas Farvaques, *Amartya Sen. Une politique de la liberté*, Paris, Michalon, 2008 (p. 23-28 : sur la notion de « préférences adaptatives »).

Pascal Chabot, *Global burn-out*, Paris, PUF, 2013 (p. 55-67 : pour une définition du burn-out comme adaptation sans fin).

Pascal Chabot, *Exister, résister. Ce qui dépend de nous*, Paris, PUF, 2017.

Albert Camus, *L'Homme révolté*, Paris, Gallimard, « Folio essais », 1985.

David Courpasson, *L'Action contrainte. Organisations libérales et domination*, Paris, PUF, 2000 (p. 271 : la citation concernant les « zones d'espérance »).

David Courpasson et Françoise Dany, « Les cadres rebelles », in *Sciences humaines*, n° 12, septembre-octobre 2008.

David Courpasson et Françoise Dany, « Les cadres rebelles », in Jean-Michel Saussois (dir.), *Les Organisations. État des savoirs*, Auxerre, Sciences humaines Éditions, 2016, p. 389-396.

Gérard David, *Cornélius Castoriadis. Le projet d'autonomie*, Paris, Michalon, 2000.

Vincent Delecroix, *Non ! De l'esprit de révolte*, Paris, Autrement, 2018.

Jean-Pierre Durand, *La Chaîne invisible. Travailler aujourd'hui : flux tendu et servitude volontaire*, Paris, Seuil, 2004.

François Dupuy, *La Fatigue des élites. Le capitalisme et ses cadres*, Paris, Seuil, « La République des idées », 2005.

Gaëtan Flocco, *Des Dominants très dominés. Pourquoi les cadres acceptent leur servitude*, Paris, Raisons d'agir, 2015.

Patrick Gilbert et Jocelyne Yalenios, *L'Évaluation de la performance individuelle*, Paris, La Découverte, 2017.

André Gorz, *Métamorphoses du travail. Quête du sens. Critique de la raison économique*, Paris, Galilée,

1988 (p. 138-159 : le chapitre « Du “ça me suffit” au “plus vaut plus” », sur la catégorie du « suffisant »).

Frédéric Gros, *Désobéir*, Paris, Albin Michel, 2017 (tour d'horizon philosophique des différentes figures de la désobéissance, de La Boétie à Thoreau en passant par Kant).

Robert-Vincent Joule et Jean-Léon Beauvois, *La Soumission librement consentie*, Paris, PUF, 1998 (sur la servitude volontaire et la manipulation).

Étienne de La Boétie, *Discours de la servitude volontaire*, Paris, GF Flammarion, présentation de Simone Goyard-Fabre, 1983.

Étienne de La Boétie, *Discours de la servitude volontaire*, Paris, Payot & Rivages, 2002 (p. 269-335 : le commentaire de Claude Lefort sur le *Discours* : « Le nom d'Un »).

Alain Renaut, *L'Ère de l'individu. Contribution à une histoire de la subjectivité*, Paris, Gallimard, 1989 (p. 53-54 : sur la distinction entre autonomie et indépendance).

Paul Ricœur, *Lectures 2. La contrée des philosophes*, Paris, Seuil, 1992 (p. 121-136 : chapitre consacré à *L'Homme révolté*, d'Albert Camus, et notamment à la question de la négation et de l'affirmation).

Sébastien Stenger, *Au cœur des cabinets d'audit et de conseil. De la distinction à la soumission*, préface de François Charpentier, Paris, PUF, 2017.

Alexis de Tocqueville, *De la démocratie en Amérique*, Paris, Robert Laffont, « Bouquins », 1986, livre II, 4e partie, chapitre VI (p. 648-649 : célèbre passage sur « le trouble de penser et la peine de vivre » que l'État démocratique entendrait ôter aux citoyens).

Bénédicte Vidaillet, *Évaluez-moi ! Évaluation du travail : les ressorts de la fascination*, Paris, Seuil, 2013 (sur l'évaluation et la quête de reconnaissance).

3e partie. Évaluer sous influence
Chapitre 7 – Agir dans l'urgence

Hannah Arendt, *La Condition de l'homme moderne* (1961), trad. Georges Fradier, Paris, Pocket, « Agora », 1983 (p. 233 : sur la notion d'initiative).

Patrick Artus et Marie-Paule Viard, *Le capitalisme est en train de s'autodétruire*, Paris, La Découverte, 2005 (sur le décalage entre l'exigence de rendements à court terme au détriment de l'investissement à long terme des entreprises).

Nicole Aubert, *Le Culte de l'urgence. La société malade du temps*, Paris, Flammarion, 2003.

Nicole Aubert (dir.), *L'Individu hypermoderne*, Ramonville Saint-Agne, Érès, 2004 (notamment pour son article sur « L'intensité de soi »).

Zygmunt Bauman, *La Vie liquide* (2005), trad. Christophe Rosson, Rodez, Le Rouergue/Chambon, 2006.

Jean Birnbaum (dir.), *Où est passé le temps ?*, Paris, Gallimard, « Folio », 2012.

Christophe Bouton, *Le Temps de l'urgence*, Lormont, Le bord de l'eau, 2013 (voir, entre autres passages suggestifs, p. 126-132 : les dégâts psychologiques de l'urgence).

Pascal Chabot, *Global burn-out*, Paris, PUF, 2013 (p. 65 : sur le « pacte technique » et son inversion).

Jean-Pierre Dupuy, *L'Avenir de l'économie*, Paris, Flammarion (sur la thèse, également défendue par

Christophe Bouton, selon laquelle l'urgence généralisée serait imputable à la temporalité de l'économie néolibérale).

Alain Ehrenberg, *La Fatigue d'être soi*, Paris, Odile Jacob Poche, 2007 (p. 234-235 : sur la culpabilité du sentiment d'insuffisance).

Gilles Finkelstein, *La Dictature de l'urgence*, Paris, Pluriel, 2013.

André Gounelle, *La Mort et l'Au-delà*, Genève, Labor et Fides, 1998 (sur les diverses représentations de l'au-delà).

François Hartog, *Régimes d'historicité. Présentisme et expériences du temps*, Paris, Seuil, 2003 (p. 18 : sur le présent « omniprésent »).

François Hartog, « Le présent n'est pas le même pour tous », *Le Monde* du 31 janvier 2019 (sur le présentisme et les effets des différences de temporalité).

Daniel Innerarity, *Le Futur et ses ennemis. De la confiscation de l'avenir à l'espérance politique*, trad. Serge Champeau et Éric Marquer, Paris, Climats, 2008.

Zaki Laïdi, *Le Sacre du présent*, Paris, Flammarion, 2000.

Henri Michaux, *Poteaux d'angle*, Paris, Gallimard, 2004.

Pierre-Olivier Monteil, *Reprendre confiance*, Paris, François Bourin, 2014.

Pierre-Olivier Monteil, *Éthique et Philosophie du management*, Toulouse, Érès, 2016 (p. 143-165 : le chapitre 6 : « Avec le temps »).

Myriam Revault d'Allonnes, *La Crise sans fin. Essai sur l'expérience moderne du temps*, Paris, Seuil, 2012.

Paul Ricœur, *Du texte à l'action* (1986), Paris, Points Seuil, 1998 (p. 289-307 : le chapitre intitulé « L'initiative »).

Hartmut Rosa, *Accélération. Une critique sociale du temps* (2005), trad. Didier Renault, Paris, La Découverte, 2010.

Hartmut Rosa, *Aliénation et Accélération. Vers une théorie critique de la modernité tardive* (2010), trad. Thomas Chaumont, Paris, La Découverte, 2012.

Richard Sennett, *La Culture du nouveau capitalisme*, trad. Pierre-Emmanuel Dauzat, Paris, Hachette, 2006 (p. 148-152 : sur le sentiment d'absence de « progression narrative »).

Paul Sivadon et Adolfo Fernandez-Zoïla, *Temps et travail, temps de vivre*, Bruxelles, Pierre Mardaga éditeur, 1983.

Chapitre 8 – L'obsession du risque

Ulrich Beck, *La Société du risque. Sur la voie d'une autre modernité* (1986), trad. Laure Bernardi, préface de Bruno Latour, Paris, Aubier, 2001 (p. 145 : la citation sur le risque d'un totalitarisme de la prévention).

Michel Callon et Bruno Latour, « "Tu ne calculeras pas !" ou comment symétriser le don et le marché », *Revue du MAUSS*, n° 9, 1er semestre 1997, p. 45-70 (sur les conventions qui font que les calculs sur les échanges tombent juste).

Anne Dufourmantelle, *Éloge du risque* (2011), Paris, Payot & Rivages, 2014 (p. 12 : envisager le risque depuis la vie et non depuis la mort).

Michaël Fœssel, *État de vigilance. Critique de la banalité sécuritaire*, Lormont, Le bord de l'eau, 2010 (sur l'argumentaire sécuritaire comme instrument de légitimation politique).

Claude Gilbert, « Risque », in Monique Canto-Sperber (dir.), *Dictionnaire d'éthique et de philosophie morale*, tome 2, Paris, PUF, 2004, p. 1691-1693.

Frédéric Gros, *Le Principe sécurité*, Paris, Gallimard, 2012 (p. 200-202 : sur la traçabilité et le contrôle).

Catherine Larrère, « Précaution. Principe de précaution », in Monique Canto-Sperber (dir.), *Dictionnaire d'éthique et de philosophie morale*, tome 2, Paris, PUF, 2004, p. 1534-1537.

David Le Breton, *Sociologie du risque*, Paris, PUF, « Que-sais-je ? », 1995.

Danilo Martuccelli, *Sociologies de la modernité*, Paris, Gallimard, 1999 (chapitre 4 : sur Niklas Luhmann ; chapitre 14 : sur Anthony Giddens).

Corine Pelluchon, *Éthique de la considération*, Paris, Seuil (p. 255 : la distinction entre vivre de/vivre avec/vivre pour).

Irène Théry, *La Distinction de sexe. Une approche de légalité*, Paris, Odile Jacob, 2007 (p. 134-146 : sur la distinction entre prévision et attente).

Hélène Vérin, *Entrepreneurs, entreprise. Histoire d'une idée* (1982), Paris, Classiques Garnier, 2011 (sur la critique adressée par Vauban aux actions d'éclat militaires).

Paolo Virno, *Grammaire de la multitude. Pour une analyse des formes de vie contemporaines*, trad. Véronique Dassas, Paris, Éditions de l'Éclat/Conjonctures, 2002 (chapitre 1 : sur la fin de la distinction entre la peur et l'angoisse).

Chapitre 9 – Écouter

Hannah Arendt, *Juger. Sur la philosophie politique de Kant* (1967), trad. Myriam Revault d'Allonnes, Points Seuil, 1991 (p. 72 : sur la « pensée élargie » qui permet d'exercer « son imagination à aller en visite »).

Solange Chavel, *Se mettre à la place d'autrui. L'imagination morale*, Rennes, Presses universitaires de Rennes, 2011.

Jerome Bruner, *Pourquoi nous racontons-nous des histoires ? Le récit au fondement de la culture et de l'identité*, Paris, Retz, 2010.

Conclusion. Repersonnaliser la relation

Norbert Alter, *Donner et prendre. La coopération en entreprise*, Paris, La Découverte, 2009.

Alain Caillé et Jean-Édouard Grésy, *La Révolution du don. Le management repensé à la lumière de l'anthropologie*, Paris, Cerf, 2014 (p. 153-177 : sur les motivations intrinsèques et extrinsèques).

Pierre Dardot et Christian Laval, *La Nouvelle Raison du monde. Essai sur la société néolibérale*, Paris, La Découverte, 2009.

Michaël Fœssel, *Après la catastrophe. Critique de la raison apocalyptique*, Paris, Seuil, 2012 (p. 289 : sur les « hommes imperturbables » que rien n'affecte).

Carol Gilligan, *Une voix différente. Pour une éthique du care*, trad. Annick Kwiatek revue par Vanessa Nurock, présentation de Sandra Laugier et Patricia Paperman, Paris, Flammarion, 2008.

Pierre-Yves Gomez, *Le Travail invisible. Enquête sur une disparition*, Paris, François Bourin, 2013 (p. 107-118 : le chapitre sur le décalage entre le travail vécu et les données chiffrées censées en rendre compte aux yeux des décideurs).

Mark Hunyadi, *La Tyrannie des modes de vie. Sur le paradoxe de notre temps*, Lormont, Le bord de l'eau, 2015.

Christian Laval, *L'Homme économique. Essai sur les racines du néolibéralisme*, Paris, Gallimard, 2007.

Marcel Mauss, *Essai sur le don. Forme et raison de l'échange dans les sociétés archaïques* (1924-1925), présentation de Florence Weber, Paris, PUF, 2012.

Marcel Mauss, *La Prière*, édition et présentation de Florence Weber et Nicolas Sembel, Paris, PUF, 2019.

Pierre-Olivier Monteil, « Raviver le sens du possible en management », *Revue économique et sociale*, Bulletin de la société d'études économiques et sociales, vol. 74, n° 2, juin 2016 (Suisse), p. 53-64.

Corine Pelluchon, *Éthique de la considération*. Paris, Seuil, 2018.

Karl Polanyi, *La Grande Transformation. Aux origines politiques et économiques de notre temps* (1944), trad. Catherine Malamoud et Maurice Angeno, préface de Louis Dumont, Paris, Gallimard, 1983.

Jean-Daniel Reynaud, « Les régulations dans les organisations : régulation de contrôle et régulation autonome », *Revue française de sociologie*, vol. 29, n° 29, 1988.

Paul Ricœur, *Politique, Économie et Société. Écrits et conférence 4*, Paris, Seuil, 2019 (p. 313-327 : sur l'économie du don et de la gratitude comme limitation posée à la quête insatiable de reconnaissance).

Georg Simmel, *Philosophie de l'argent* (1900), trad. Sabine Cornille et Philippe Ivernel, Paris, PUF, 1987 (p. 157 : sur « l'intellectualisation de la vie » sous l'influence de l'argent).

Joan Tronto, *Un monde vulnérable. Pour une politique du care*, trad. Hervé Maury, avant-propos de Liane Mozère, préface inédite de l'auteur, Paris, La Découverte, 2009.

# Glossaire

**Dispositifs.**

Les dispositifs sont des modalités prédéfinies permettant de faire face à un problème ou à une situation, dans les divers domaines de la vie courante. Internet, le téléphone, la file d'attente, l'entretien d'évaluation de la performance, le vote, le marché, les concours, la production à flux tendu sont autant de dispositifs. Nombre d'auteurs insistent sur l'idée que le caractère familier de ces dispositifs ne doit pas occulter le fait qu'ils n'ont rien de neutre et qu'ils induisent une certaine manière d'agir et de penser.

**École de Francfort.**

Fondée par Max Horkheimer au lendemain de la Première Guerre mondiale, l'École de Francfort est un courant de pensée critique qui se donne pour tâche d'interroger les ressorts et les limites de la raison moderne dans la perspective de l'émancipation humaine. Au fil de plusieurs générations, elle a vu se succéder autour de cette préoccupation des philosophes tels que Théodore Adorno, Herbert Marcuse, Jürgen Habermas, Axel Honneth ou Hartmut Rosa.

Éthique.

L'éthique est une réflexion sur la norme (morale, juridique, technique…) tendant à se réapproprier le sens de l'engagement, du désir d'agir et d'exister, afin de traduire ce sens en acte dans la situation concernée, en déterminant le geste qui convient.

Libéralisme(s).

Le libéralisme est un courant de pensée qui valorise la liberté. Le libéralisme *politique* prône un État respectueux de la société civile, dont il garantit le pluralisme et les libertés (de conscience, d'expression, de participation…). Le libéralisme *économique* défend la liberté d'entreprendre et les vertus du marché.

Marcel Mauss (1872-1950).

Procédant à une revue de la littérature en anthropologie disponible dans les premières décennies du XXe siècle, Marcel Mauss en a déduit le mécanisme fondamental du don. Il le qualifie de « phénomène social total » parce qu'on le retrouve partout et qu'il permet de rendre compte d'une réalité macrosociale à partir de pratiques microsociales. Tout échange social peut s'analyser ainsi selon le triptyque : donner-recevoir-rendre. Cette pratique renvoie à la dimension symbolique des rapports sociaux, irréductibles à des relations techniques ou marchandes.

Néolibéralisme(s).

Le néolibéralisme est une doctrine issue du libéralisme, apparue en 1938, lors d'un colloque portant sur les enseignements à tirer de la crise économique de 1929. Tandis que les libéraux ont réitéré le principe de non-intervention de l'État dans l'économie, les néolibéraux ont affirmé la nécessité, selon eux, que l'État intervienne désormais en permanence, pour veiller au bon fonctionnement du marché. Le néolibéralisme comporte plusieurs courants en son sein.

Pouvoir(s).

Le phénomène du pouvoir s'analyse classiquement, en management comme en politique, en privilégiant la dimension verticale de la domination : principe hiérarchique et rapport de subordination. À partir des apports de Hannah Arendt et de Paul Ricœur en philosophie, il est néanmoins possible de mettre en évidence l'existence d'un second type de pouvoir, complémentaire du premier : un pouvoir « horizontal », qui émane du vivre-ensemble en politique et de la coopération en contexte professionnel.

Pratique.

La pratique se distingue de la théorie, qui s'attache à penser la réalité de manière générale, impersonnelle et systématique. La tentation peut être forte d'élaborer une science de la pratique. Mais ce serait ne pas tenir compte du fait que notre capacité d'initiative défie les prévisions des lois scientifiques. Une science de la pratique postule qu'il n'y aurait qu'une seule bonne façon de procéder.

Reconnaissance.

La reconnaissance du travail accompli, mais aussi celle de son auteur et, plus généralement, l'approbation mutuelle d'exister, constituent des attentes majeures dans la société contemporaine. C'est une préoccupation sur laquelle les philosophes se sont penchés, de Hegel jadis à Paul Ricœur ou Axel Honneth aujourd'hui. La question qui se pose n'est pas seulement de lui faire droit, mais aussi de trouver la réplique à la demande de reconnaissance dans ce qu'elle a de potentiellement insatiable.

Paul Ricœur (1913-2005).

Penseur majeur du XX$^{e}$ siècle, Paul Ricœur déploie sa réflexion dans le champ de l'éthique et du politique, tout en s'intéressant au soubassement anthropologique de ce qu'il appelle « l'homme capable ». C'est pourquoi il est d'un apport décisif pour penser l'agir humain et les conditions favorables au développement de capacités (de faire, de dire, de se raconter, de façon à pouvoir faire acte de responsabilité).

Hartmut Rosa (1965-).

Philosophe allemand développant une réflexion critique dans le sillage de l'École de Francfort, Hartmut Rosa se consacre depuis une décennie à la problématique de l'accélération en tous domaines, phénomène qu'il tient pour caractéristique des sociétés contemporaines. Dans l'un de ses ouvrages les plus récents, il présente une théorie de la « résonance », qui propose une conception du mieux-vivre en entrant en résonance avec le monde, plutôt qu'en exploitant les ressources naturelles et humaines de ce monde (*Résonance. Une sociologie de la relation au monde*, La Découverte, 2018).

Servitude volontaire.

L'expression « servitude volontaire » est due à Étienne de La Boétie (1530-1563), dans son célèbre *Discours de la servitude volontaire*. Son idée est que la domination résulte moins du pouvoir de celui qui l'exerce que du consentement, voire de la volonté délibérée (quoique non consciente) de ceux sur qui elle s'exerce. Au XIX$^{e}$ siècle, elle trouve des prolongements dans la notion de « despotisme doux », chère à Alexis de Tocqueville, qui désigne par là les agissements d'un État entourant les citoyens de ses soins, comme pour les soulager « du trouble de penser et de la peine de vivre ». De telles observations sont aisément transposables à nombre de pratiques de management dans les organisations contemporaines.

## Théorie de l'agence.

Popularisée par l'économiste Milton Friedman, la théorie de l'agence définit la finalité de toute entreprise par la recherche exclusive du profit financier. Elle s'attache donc à aligner le comportement des dirigeants d'entreprise sur les intérêts des actionnaires, en liant leur rémunération sur l'évolution du cours de la Bourse. Selon cette théorie, l'action des salariés doit, elle aussi, être régie par cette logique, à travers des incitations pécuniaires calquées sur leur contribution aux profits financiers.

## Valoir.

Dans son *Anthropologie d'un point de vue pragmatique*, Emmanuel Kant énonce que l'action pratique se déploie dans trois registres et non un seul : ceux de l'*avoir*, du *pouvoir* et du *valoir*. Le premier correspond à la dimension des échanges sociaux, par lesquels ceux-ci relèvent d'une économie ; le deuxième se réfère aux phénomènes d'influence et de pouvoir liés à l'agir ; quant au valoir, il désigne la dimension des jugements de valeur par lesquels nous interprétons les enjeux, dimension éthique et, plus largement, culturelle, qui est celle des représentations.

# Remerciements

Je remercie chaleureusement les étudiants du master en Économie et gestion de la santé de l'université Paris-Dauphine PSL, pour les échanges stimulants au gré desquels se sont élaborées peu à peu les réflexions dont ce livre est issu, ainsi que Béatrice Fermon, qui a permis de voir le jour à mon enseignement en « éthique de l'action en organisation ».

Mes remerciements vont également à Hubert Auque, Laetitia Gueyrard, Florence Jolivet, Françoise Kleltz-Drapeau, Christiane Monteil, Martine Reicherts et Raffaella Toncelli pour leurs judicieux conseils dans la préparation de ce livre.

Merci à Benoît Heilbrunn pour avoir accueilli ce livre dans la collection qu'il dirige.

## Du même auteur

*Portrait du zappeur. Sens et contresens de l'individualisme contemporain*,
Labor et Fides, collection « Autres Temps », 1994.

*La Grâce et le Désordre. Entretiens sur la modernité et le protestantisme*.
Avec Jean-Paul Willaime, Jean Baubérot, Marcel Gauchet, Pierre Manent, Marc Augé, Olivier Mongin, Olivier Abel, Pierre Gisel et Pierre Bühler, Labor et Fides, collection « Autres Temps », 1998.

*Ce train ne prend pas de voyageurs. Roman*, L'Harmattan, collection « Écritures », 2002.

*Abécédaire du bien commun*, Éditions des îlots de résistance, 2012.

*Ricœur politique*, Presses universitaires de Rennes,
collection « Essais », Série « Raison publique », 2013.

*Reprendre confiance*, François Bourin, collection « Thermos », 2014.

*Éthique et Philosophie du management*, Érès, collection « L'espace éthique », 2016.

*Le Sens des autres. FEHAP 1936-2016. Quatre-vingts ans à l'avant-garde de la santé et des solidarités*, préface d'Antoine Dubout, Le Cherche-Midi, collection « Documents », 2016.

*Macron par Ricœur. Le philosophe et le politique*, Emmanuel Lemieux éditeur, 2017.

Paul Ricœur, *Politique, Économie et Société* (éd.), Seuil, collection « La couleur des idées »/« Écrits et conférences », 2019.

# Table des matières

Ouvrage composé par
PCA 44400 Rezé

Imprimé en France par

Maury Imprimeur
à Malesherbes (Loiret)
en août 2021



POCKET - 92 avenue de France, 75013 PARIS

N° d'impression : 256002
S29558/01